GUSTAV NASS

Person, Persönlichkeit und juristische Person

Schriften zur Rechtstheorie

Heft 2

Person, Persönlichkeit und juristische Person

Von

Dr. phil. Gustav Nass

Oberregierungsrat im Hessischen Justizministerium

DUNCKER & HUMBLOT / BERLIN

Alle Rechte vorbehalten
© 1964 Duncker & Humblot, Berlin
Gedruckt 1964 bei Broco-Druck, Berlin 44
Printed in Germany

Vorbemerkung

Kürzlich meinte ein Jurist, der über meine psychologische Anthropologie „Die Menschheit ist nicht am Ende" referierte, „die kulturpsychologischen Erkenntnisse des Verfassers mögen für philosophische und psychologische Arbeiten von Wert sein, der Jurist wird daraus keinen Gewinn oder Nutzen ableiten". Wenn diese Meinung auch kein Testfall sein dürfte, so scheint sie doch symptomatisch für jene zu sein, die sich gegen das Eindringen neuerer psychologischer Erkenntnisse in die Jurisprudenz abschirmen. Vielleicht fürchten sie, den Boden, den ihnen die Rechtsdogmatik bereitet hat, unter den Füßen zu verlieren, wenn ihnen nunmehr eine naturwissenschaftlich fundierte Anthropologie die Fragwürdigkeit absolut gesetzter normativer Begriffssysteme aufzeigt. Es scheint weniger aufregend zu sein, wenn man so tut, als ob es keine Psychologie gäbe. Vor 50 Jahren dachte man anders. Von Liszt, Robert v. Hippel, Gustav Radbruch, Frank und viele andere waren in der Psychologie ihrer Zeit ebenso zu Hause wie in der Jurisprudenz. Seit den zwanziger Jahren ist das leider nicht mehr der Fall. Die Phänomenologen Husserl, Scheler und Nicolai Hartmann und zuletzt zu allem Überfluß die geisteswissenschaftlichen Psychologen traten mit ihrer beschreibenden und spekulativen Methode an die Stelle exakter, naturwissenschaftlich fundierter anthropologischer Forschung. Der Mensch wird nicht erforscht, sondern beschrieben. Beschreibung bleibt aber an der Oberfläche der Erscheinungen. Kein Wunder, daß die Jurisprudenz dort, wo das Verständnis psychischer Vorgänge notwendig wäre, einfach nicht weiterkommt. Man meint mit der philosophischen Anthropologie bereits eine philosophische Grundlage für die Rechtsdogmatik zu besitzen und merkt gar nicht, wie diese gegenüber den exakten Wissenschaften ins Hintertreffen gerät. Die Phänomenologie, ein fast ausschließlich auf deutschem Boden getriebener Wildling der späten Romantik, hat ein Menschenbild gelehrt, das mit den Erkenntnissen der psychologischen Anthropologie nicht mehr übereinstimmt. Die Jurisprudenz droht mit ihrem geisteswissenschaftlich orientierten Menschenbild in eine Lage zu geraten, in der manche Begriffe und Vorstellungen als antiquiert erscheinen. Wie unangebracht es ist, hier länger zu warten, zeigt die oben zitierte Meinung, ein Symptom der Selbstzufriedenheit und Selbstbeschränkung.

Mit dieser Monographie zur Psychologie des Rechts möchte ich die Erkenntnisse der psychologischen Anthropologie für die Rechtswissenschaft nutzbar machen. Ich rechne mit dem Widerstand derer, die sich mit dem Menschenbilde der Phänomenologie begnügen wollen. Es ist mir immer eine Freude, die auf hoher Ebene ausgetragenen und ergiebigen Auseinandersetzungen der vergangenen Juristengeneration zu lesen. Möge diese Schrift ebenfalls zu fruchtbaren Diskussionen anregen.

Inhalt

I. **Geschichte des Personbegriffs** 9
   1. Der Personbegriff in der Antike 10
   2. Der Personbegriff im Mittelalter und in der Neuzeit 11

II. **Geschichte des Begriffs Persönlichkeit** 14
   1. Die Entwicklung der Persönlichkeit aus dem Geiste der Renaissance 14
   2. Erstes Auftreten des Begriffs Persönlichkeit bei Kant 15
   3. Schillers Grundlegung einer Lehre von der Persönlichkeit 16
   4. Weiterentwicklung des Persönlichkeitsbegriffs durch Schopenhauer 18
   5. Der Persönlichkeitsidealismus 19

III. **Der Personbegriff in der Psychologie** 20
   1. Persönlichkeit als Einheit des Bewußtseins 20
   2. Das Ich und die Persönlichkeit 21
   3. Entstehung der Modellvorstellungen 23
   4. Person und Persönlichkeit unter dem Aspekt des Personalismus Kritik und Weiterentwicklung 25
       a) Ist die Person causa finalis? 25
       b) Selbstentfaltung und Selbstbestimmung 26
       c) Die beiden bewegenden Momente der Entwicklung des Persönlichkeitsbegriffs 28
       d) Determination der Modellvorstellung durch die Fragestellung 28

IV. **Die Entwicklung des Personbegriffs in der Rechtsgeschichte** 31
   1. Der Personbegriff in der Rechtsauffassung des Altertums 31
   2. Der juristische Personbegriff im 16.—18. Jahrhundert 33
   3. Der juristische Personbegriff im 19. Jahrhundert 34
       a) Hufeland, Savigny und Puchta 34
       b) Bluntschli, Beseler und Zitelmann 36
       c) Unger und Ihering 38
   4. Der juristische Personbegriff während und nach der Jahrhundertwende 38
       a) Der Relativismus bei Binder 38

b) Der Personbegriff in der Genossenschaftslehre 39
    α) v. Gierke und Hölder 39
    β) Die „Persongesamtheit" 41
    γ) Gesamtperson und Einzelperson 42
    δ) Theorie des Gesamtwillens 42
    ε) Die Bedeutung der Gleichförmigkeit psychischen Geschehens für die Erklärung des Gemeinwillens 47

V. Grundbegriffe zur Klärung der juristischen Persönlichkeitstheorie   49

1. Die Stellung der Fiktion im System der logischen Funktionen   49
2. Über den Realitätsgrad der Personfikation, Fiktion und Transsubstantiation 51
    a) Die Personifikation 51
    b) Die Fiktion 51
    c) Die Transsubstantiation 52
3. Die Transobjektivation 52

VI. Die Persönlichkeitsnatur des Staates in der Staatsphilosophie 54

1. Die Natur des Staates im Altertum und Mittelalter 54
2. Die Person des Staates im naturrechtlichen Denken 55
3. Die Persönlichkeitsnatur des Staates in der Philosophie der Romantik 57

VII. Die Staatspersönlichkeit in der Staatsrechtslehre 62

1. Die Organtheorie 62
2. Der Begriff der Staatspersönlichkeit in der anorganischen Theorie 65
3. Die Staatspersönlichkeit in der Reinen Rechtslehre 67

VIII. Der Einfluß der Soziologie und der Wertphilosophie auf die Persönlichkeitstheorie in der Jurisprudenz 73

1. Der soziologische Personbegriff 73
2. Der moderne Persönlichkeitsbegriff in der Jurisprudenz unter dem Einfluß der Wertphilosophie 75
3. Person und Persönlichkeit in der Jurisprudenz der Gegenwart   78

IX. Ergänzungen und abschließende Thesen über Person, Persönlichkeit und juristische Person 84

1. Ergänzungen zum Personbegriff heute 84
2. Persönlichkeit 85
3. Zweiundzwanzig Thesen über Person, Persönlichkeit und juristische Person 87

Literatur 90

I. Geschichte des Personbegriffs

Es ist gut, wenn man von Zeit zu Zeit Begriffe daraufhin überprüft, ob sie noch Gültigkeit haben bzw. ob sie noch das beinhalten, was ursprünglich gemeint war. Ein solcher Begriff ist „die juristische Person."

Seit Binding, Gierke, Haff, Hölder, Stammler und viele andere die juristische Person zum Gegenstand umfangreicher Untersuchungen gemacht haben, ist mehr als ein halbes Jahrhundert vergangen, und selbst die jüngeren Äußerungen zu diesem Problem, man denke etwa an die des Schweizer Rechtsphilosophen Baumgart, liegen schon über 30 Jahre zurück. Wenn sie auch die damals für den Juristen neuesten Forschungen der Psychologie berücksichtigten, so scheint es doch heute wieder angebracht, gerade wegen des Fortschreitens sowohl der Erkenntnisse in der Jurisprudenz als auch in der Psychologie und nicht zu vergessen in der Soziologie, den Begriff der juristischen Person einer kritischen Betrachtung zu unterziehen. Denn das hatten die Rechtsphilosophen und auch die Staatsrechtslehrer schon vor der Jahrhundertwende erkannt, daß der Begriff der juristischen Person nicht ohne Einschaltung der Psychologie geklärt werden kann. Hinzu kommt aber noch ein wissenschaftsgeschichtlicher Gesichtspunkt. Wenn man die rechtsphilosophischen Erörterungen zum Problem der juristischen Person und dazu auch das Weltbild betrachtet, welches den Rechtssystemen zugrunde liegt, so ist es „das von der Naturrechtsperiode des 17. und 18. Jahrhundert geprägte Bild einer egalitären, auf der Freiheit des menschlichen Willensentschlusses gegründeten Gesellschaft"[1].

Nun ist die Gültigkeit dieses Weltbildes heute in Frage gestellt, und auch die psychologischen Anschauungen haben sich gewandelt. Die Freiheit des menschlichen Willensentschlusses ist nicht nur in Zweifel gezogen, sie hat sich vielmehr als eine Modellvorstellung erwiesen, die nicht mehr zu unserem bisherigen Menschenbild paßt, und alle Versuche, sie einzufügen, lassen uns immer wieder die Diskrepanz erleben, die zwischen dem heutigen Welt- und Menschenbild und dem unser kulturelles Leben beherrschenden besteht.

Wenn man die psychologische und die juristische Literatur überblickt, so stellt man mit Erstaunen fest, wie wenig sich die Psychologen mit den Begriffen Person und Persönlichkeit befaßt und wieviel Zeit dagegen die Juristen dafür aufgebracht haben. Bei näherem Überlegen

---

[1] *Scheuner*, Diskussion zu dem Vortrag von Westermann, Person und Persönlichkeit als Wert im Zivilrecht, Köln 1957, S. 36.

kommt einem der Gedanke, daß der Jurist einen pragmatischen Begriff der Person benötigt, während der Psychologe ihn eigentlich gar nicht gebraucht und er sich daher auch selten mit ihm befaßt.

1. Der Personbegriff in der Antike

Der Personbegriff hat eine eigenartige Geschichte. Mit seiner Ableitung von dem lateinischen personare (hindurchtönen) und von dem griechischen πρόσωπον (Maske) ist es nicht getan, denn wie will man das, was wir heute unter Persönlichkeit verstehen, mit dem Hindurchtönen oder gar mit der Maske des Schauspielers gleichsetzen? Es ist daher verständlich, daß hier und da Zweifel an dieser Ableitung aufgetaucht sind (s. Westermann). Gerade diese Zweifel veranlassen uns, der Geschichte des Personbegriffes nachzugehen, indem wir seine Anwendung nachprüfen.

Die Verwendung des griechischen Wortes πρόσωπον als Bezeichnung nicht nur für Maske, sondern auch für die Rolle, ist schon bei Platon nachweisbar, und zwar in seiner Politeia, X. Buch. Aristoteles gebraucht den Begriff zwar auch im Sinne der Rolle, als *handelnde Person, urteilende Person,* aber er geht über die Rollenbedeutung hinaus und spricht schon von Eigenschaften der Person, z. B. von mürrischer Person, ja er wendet diesen Begriff besonders dann an, wenn es sich um Fragen der Ethik und des Rechts handelt, so im Jus domesticum, Nicomachische Ethik Buch V Kap. 10: „... weshalb es ja keine Ungerechtigkeit gegen die eigene Person geben kann". Im 9. Kapitel Buch V heißt es: „Und die Gerechtigkeit ist eine Grundhaltung, die über den gerechten Mann folgende Aussage gestattet: er verwirklicht grundsätzlich aus freier Entscheidung das Gerechte, und gilt es eine Verteilung, wo seine eigene Person und eine zweite oder zwei andere Personen in Frage stehen, so verfährt er grundsätzlich nicht so, daß er von dem fraglichen Wert sich selbst den Hauptanteil und dem anderen die kleinere Menge — und bei nachteiligen Dingen umgekehrt — zuteilt, sondern er gibt im Sinne der Proportion gleiche Anteile; und handelt es sich um zwei andere Personen, so verfährt er in entsprechender Weise". In Buch VIII Kap. 11 steht: „Die Erfahrung lehrt, wie eingangs gesagt, daß sich Freundschaft und Recht auf demselben Gebiet und unter denselben Personen entfalten, denn in jeder Gemeinschaft gibt es, so nimmt man an, ein Recht und auch Freundschaft... Freundschaft und Recht bestehen im selben Personenkreis und haben die gleiche Ausdehnung."

Von Aristoteles ist dieser bereits erweiterte Personbegriff auf die Stoa übergegangen. Wir wissen ja, daß gerade die Ethik der Stoa den Begriff der Rolle, die der Mensch von Gott verliehen bekommen hat, häufig anwendet. Die Stoiker haben denn auch, wie bereits Aristoteles, den Inhalt des Begriffs bereichert. Das konnten sie um so mehr, als in ihrer Ethik das Bild von der Rollenverteilung, worin die Determiniertheit des Menschen zum Ausdruck kommt, von zentraler Bedeutung ist.

Nun ist es nicht schwer, von der stoischen Philosophie her den Übergang zu den Römern und damit auch in die Sprache der Jurisprudenz zu verfolgen. Das geschieht über den Stoiker Philon, den Lehrer Ciceros. Bei Cicero finden wir den Begriff der Maske in verschiedener Bedeutung. In einem Brief an Atticus vom 14. Mai 44 schreibt er: „Soll ich zum Maskenträger werden, ins Feldlager ziehen? Lieber tausendmal tot, zumal in meinen alten Tagen." Hier ist es ein alltäglicher Sprachgebrauch, Maskenträger in wörtlichem Sinne. In einem späteren Briefe vom 15. März 60: „Innenpolitisch stehen die Dinge so: Pompeius treibt durch den Tribunen Flavius mit Energie sein Ackergesetz vor, an dem, abgesehen von der Person des Urhebers, nichts populär ist... seit ich aber in dem Freispruch des Clodius die Charakterlosigkeit und Unzuverlässigkeit unserer Rechtsprechung durchschaute, und ferner, seit ich sah, wie leicht unsere ritterlichen Staatspächter sich vom Senat abbringen lassen, wiewohl sie erklärten, an meiner Person festhalten zu wollen ..." Hier wird deutlich der Personbegriff als Begriff der Rechtssprache gebraucht.

Es scheint, als ob die inhaltliche Bereicherung, die dem Personbegriff schon bei Aristoteles zuteil geworden ist, nun auch bei den Römern stattgefunden hat, und zwar einfach deshalb, weil man eine Modellvorstellung brauchte, die alles das enthielt, was dieser Begriff noch fassen konnte: die Rolle, die jemand im Leben spielt (Stoa), die Maske, die jemand trägt (ursprüngliche griechische Bedeutung), die Eigenschaften, die jemand hat (schon bei Aristoteles) und die Würde des einzelnen, die ihm zukommt.

2. Der Personbegriff im Mittelalter und in der Neuzeit

Nun ist es bei Modellvorstellungen häufig so, daß sie nicht eindeutig sind, sondern je nach der Fragestellung, die man anwendet, etwas verdeutlichen. Der Personbegriff schien ganz besonders geeignet, auf die Fragen, die man an ihn richtete, eine Antwort geben zu können. Wir werden sehen, wie diese Antworten ausfielen. Zuvor aber noch ein kurzer Hinweis auf die Weiterentwicklung des Personbegriffs. Dieser ist in der Bedeutung als Rolle während des Mittelalters durch die Übersetzungen antiker Komödien zu uns gekommen und in den allgemeinen Sprachgebrauch übergegangen. Danach ist das Wort persona als Maske aus der Theatersprache verschwunden, weil die Maske nicht mehr verwandt wurde, und als sie später an anderer Stelle wieder auftauchte, nämlich bei Tänzen, ist sie von Arabern nach Europa gekommen und hat das arabische Wort für Maske, mashara, spanisch mascaram, mittellateinisch masca, französisch masque mitgebracht[2]. Im 14. Jahrhundert finden wir im Französischen das Wort personnage als Theaterperson, später, etwa im 15. Jahrhundert, das gleiche Wort auch für Rolle. Von der sprechenden Person des Theaters her geht das Wort personnage auch auf Epos und Romanfigur über. Sogar als Bezeichnung für eine menschliche Statue ist es in zwei Urkunden von 1427 und 1489 belegt (Rheinfelder S. 38).

In der Neuzeit, seit La Bruyère, gebraucht man für das Wesentliche der Person das Wort charactère.

In der romanischen Sprache und im mittelalterlichen Latein wird persona für die äußere Erscheinung eines Menschen, für das Körperliche, für die Gestalt, gebraucht, mitunter auch für das Leben verlieren, sein Leben einsetzen.

In der deutschen Sprache kommt persona erst vom 13. Jahrhundert ab vor, und zwar in der Bedeutung von Körper, Gestalt. Im Lied vom Tanhuser heißt es:

In persona diu was smal, wol geschaffen über al[3].

In den romanischen Sprachen erhält im Mittelalter das Wort persona auch die Bedeutung von hoher oder niederer Würde. Der Sinn einer verliehenen Würde legt die Bedeutung von Vollmacht und Vertretung nahe. Rheinfelder zitiert lateinische Urkunden aus dem 6. und 7. Jahrhundert, so von Magnus Ennodius und Gregor dem Großen. Im Mittelalter wurde für den Bevollmächtigten aus persona personarius gebildet. „Dieses Wort und seine französische Entsprechung personnier kommen des öfteren vor. Man muß sich aber hüten, alle diese Fälle zu persona zu nehmen, wie es bei Du Cange geschieht. Personnier konnte auch von einem altfranzösischen personne kommen, und dieses Wort ist in seiner Form inverse Schreibung für parçon aus partionem, was sich dadurch erklärt, daß für persone auch parsone vorkam. Von diesem parçon wurde ein parçonnier gebildet, und dieses ist es, das in den allermeisten Fällen vorliegt, wenn wir von personnier lesen. Das Wort heißt also dann „Teilhaber", „Mitglied einer Gesellschaft"[4].

Im 11. Jahrhundert wurde in der Kirchensprache persona als Bezeichnung für geistliche Würdenträger, und zwar für die Lehensleute des Bischofs gebraucht. In den Urkunden des 13. Jahrhunderts finden sich immer wieder die Bezeichnungen persona für die belehnten Geistlichen und personatus für Pfründenträger.

---

[2] *Rheinfelder*, a. a. O.
[3] zitiert nach *Rheinfelder*, Das Wort „Persona", **Beihefte** zur Zeitschrift für romanische Philologie, Heft 77, Halle 1928.
[4] *Rheinfelder*, a. a. O.

2. Der Personbegriff im Mittelalter und in der Neuzeit

Die Bedeutung für Würdenträger finden wir auch in Luthers Schriften und Briefen. Luther schreibt an Papst Leo X.

...Ich will aber frei und öffentlich das bekennen, daß mir nicht anders bewußt ist, denn (daß ich) so oft ich Deiner Person habe gedacht, allzeit das Ehrlichste und Beste von Dir gesagt habe ... Darum bitte ich, heiliger Vater Leo, wolltest diese meine Entschuldigung Dir gefallen lassen und mich gewiß für den halten, den wider Deine Person nie nichts Böses habe vorgenommen und der also gesinnet sei, der Dir wünsche und gönne das Allerbeste... Denn so gar habe ich mir nicht vorgenommen wider Deine Person zu wüten...

Der Brief ist im Original lateinisch verfaßt, dann von Luther ins Deutsche übersetzt worden. In der Schrift An den Christlichen Adel Deutscher Nation heißt es: „Darum sage ich, dieweil weltliche Gewalt von Gott geordnet ist ... so soll man ihr Amt lassen frei unverhindert gehn durch den ganzen Körper der Christenheit ohne Ansehen der Person, sie treffe Papst, Bischöfe..." Interessant ist, daß Luther das Wort Person den weltlichen Würdenträgern gegenüber nicht anwendet.

II. Geschichte des Begriffs Persönlichkeit

1. Die Entwicklung der Persönlichkeit aus dem Geiste der Renaissance

Als nach dem Tode des Dominikaners Thomas und des Franziskaners Bonaventura das mittelalterliche Weltbild zu verblassen begann, lebte allmählich der Gegensatz des theozentrischen Weltbildes, den die Scholastik nicht zu lösen vermocht hatte, zwischen Gott und Welt, Geist und Fleisch, auf. Dieser Gegensatz trieb einen anderen hervor, den zwischen Person und Sache, und die nun einsetzende Kultivierung des Individuums läßt ein Lebensgefühl entstehen, das uns in den großen Werken der Renaissance begegnet. Am Beginn dieser Zeit steht Petrarca, der mit seinen herrlichen Dichtungen das Lebensgefühl aus dem mittelalterlichen Geist herauslöst. Pico stellt in seiner Schrift De dignitate hominis dieses freie Lebensgefühl des modernen Menschen dar, ebenso Lorenzo della Valla, dessen Gefühl für Schönheit, Form, Stil und sein Verständnis für Persönlichkeitswerte für die geistigen Grundlagen des Renaissancemenschen von ungeheurem Wert gewesen sind. Marsilio Ficino fügt einen neuen Zug hinzu. Gott sei unpersönlich, Persönlichkeitswert komme dem Menschen zu. Seine Lehre von dem überpersönlichen Denken, die lange Zeit an den bedeutendsten italienischen Universitäten gelehrt wurde, begegnet uns später, wenn auch in anderer Form, bei den deutschen Romantikern. Die Deutschen haben immer eine Schwäche für das Überpersönliche gehabt.

In Deutschland hat der Geist der Renaissance noch nicht so schnell gewirkt wie in Italien. Die Person gilt in der Philosophie der Reformation als im Jenseits ruhende Wesenheit. Ihre sittliche Pflicht ist die Selbstentäußerung, wodurch sie das im Jenseits liegende Ziel erreicht.

Das 16. und 17. Jahrhundert haben zur Entwicklung des Personbegriffs nicht Wesentliches beitragen können; denn vom 16. Jahrhundert an formte sich ein neues Weltgefühl, in welchem die Stellung des Individuums nicht durch seinen Persönlichkeitswert in erster Linie bestimmt wurde. Der Gegensatz Subjekt-Objekt, in der Renaissance zugunsten des Subjekts gelöst, entsteht neu und verlagert nun das Schwergewicht auf das Objekt. In den Systemen des 17. Jahrhunderts herrscht die sachliche Betrachtungsweise. Nur die englische Philosophie trägt zur Entwicklung dessen bei, was später als selbstverständliches Attribut der Persönlichkeit angesehen wird, und zwar in der Staatslehre. Im Staate als der freien und gleichen Gemeinschaft der Menschen ist wesentlich für die Erhaltung der Gemeinschaft die Erhaltung des Eigentums und die Anerkennung der persönlichen Rechte.

In der „Historia von D. Johann Fausten, dem weit-beschreyten Zauberer und Schwarzkünstler" aus dem Jahre 1587 steht das Wort Person ebenfalls wie bei Luther für einen Würdenträger, allerdings schon für einen weltlichen: „... will ich euch dieselbige fürstellen, damit ihr persönlich ihren Geist in Form und Gestalt, wie sie im Leben gewesen, sehen sollet ..."

Hier kommt zum ersten Male das Adjektiv „persönlich" vor.

Hundert Jahre später heißt es in einem Brief von August Hermann Franke: „... und ist demnach das Waisenhaus weder auf ein schon vorhin gegenwärtiges Kapital noch auf ein gewisses Versprechen hoher Personen..."

Gottsched hat in seinem Versuch einer kritischen Dichtkunst, erschienen 1730, in Kap. X den Begriff Person im ursprünglichen Sinne bestimmter Rollen verwandt. Auch Lessing hat die gleiche Bedeutung gemeint, wenn er im Laokoon von den „mithandelnden Personen" schreibt. Daneben hat Lessing den Begriff durch Zusätze variiert. So spricht er in seinen Lustspielen von Mannspersonen in herabsetzendem Sinne, oder umgekehrt von „preiswürdiger Person", und schließlich zur näheren Bestimmung als Erscheinungsbild wie in dem Lustspiel „Der junge Gelehrte": „Hast Du ihn gekannt?" „Von Person nicht."

2. Erstes Auftreten des Begriffs Persönlichkeit bei Kant

Bis dahin kommt in der europäischen Literatur der Begriff Persönlichkeit nicht vor. Erstmals finden wir das Wort Persönlichkeit in der ersten Ausgabe der Kritik der reinen Vernunft von 1781. Im zweiten Buch der transzendentalen Dialektik schreibt Kant: „Ein großer, ja sogar der einzige Stein des Anstoßes wider unsere ganze Kritik würde es sein, wenn es eine Möglichkeit gäbe, a priori zu beweisen, daß alle denkenden Wesen an sich einfache Substanzen sind, als solche also (welches eine Folge aus dem nämlichen Beweisgrunde ist) Persönlichkeit unzertrennlich bei sich führen und sich ihrer von aller Materie abgesonderten Existenz bewußt sind." Und in der Beilage II aus der 1. Ausgabe heißt es: „Es ist aber merkwürdig, daß die Persönlichkeit und deren Voraussetzung, die Beharrlichkeit, mithin die Substantialität der Seele jetzt allererst bewiesen werden muß."

Es ist interessant, daß Kant keine Begriffsbestimmung für Persönlichkeit gegeben hat. Er macht nämlich gar keinen Unterschied zwischen Person und Persönlichkeit. Wenn Kant unter Identität der Person das Bewußtsein der Identität seiner eigenen Substanz als denkenden Wesens in allem Wechsel der Zustände versteht und eben diese Beharrlichkeit als Voraussetzung der Persönlichkeit von ihm verstanden wird, so ist tatsächlich kein Unterschied erkennbar. In einer Anmerkung hat Erdmann, einer der Herausgeber der Kritik der reinen Vernunft, 1881 geäußert, daß „Einheit des Subjekts als koordiniert zum Begriff der Persönlichkeit gemeint sein" müßte. Es ist also tatsächlich noch kein Unterschied gemacht.

Nicht anders verhält es sich bei Hegel, der allerdings viel häufiger als Kant die beiden Begriffe Person und Persönlichkeit gebraucht, jedoch nicht, wie man eigentlich erwartet, in seiner Psychologie; dort kommen sie nur einmal in einem unbedeutenden Zusammenhang vor, nämlich in der psychologischen Beurteilung des Zustands des Hellsehens: „Eine wesentliche Bestimmung in diesem Gefühlsleben, dem die Persönlichkeit des Verstandes und Willens mangelt, ist diese, daß es ein Zustand der Passivität ist, ebenso wie der des Kindes im Mutterleibe." Damit ist für den Begriff der Persönlichkeit wenig gesagt. Die Tatsache, daß Hegel in seinen Ausführungen über das Selbstbewußtsein, über das Ich und auch in seiner Seinslehre den Personbegriff nicht ein einziges Mal erwähnt, läßt auf die Bedeutungslosigkeit desselben innerhalb dieser Problembereiche für Hegel schließen. Erst in der 2. Abteilung der Philosophie des Geistes, und zwar in seinen rechtsphilosophischen Ausführungen gewinnen beide Begriffe Bedeutung; aber sie werden nicht voneinander unterschieden, sondern abwechselnd in gleichem Sinne gebraucht. Auf die Rechtsphilosophie Hegels werden wir noch eingehen; denn sie ist an der Entstehung des juristischen Personbegriffs maßgeblich beteiligt, und in diesem Zusammenhang haben wir es nun mit einem von Hegel ganz anders als bisher aufgefaßten Personbegriff zu tun. Nicht etwa, daß Person und Persönlichkeit nunmehr unterschieden würden; aber sie erhalten innerhalb der Hegelschen Theorie des objektiven Geistes eine ganz bestimmte Bedeutung, die von allen bisherigen Auffassungen doch wesentlich abweicht. Sie rief, wie wir noch nachzuweisen haben, eine Bewegung hervor, die sich in der Jurisprudenz und in der Gesellschafts- und Staatslehre ausgewirkt hat.

3. Schillers Grundlegung einer Lehre von der Persönlichkeit

Kehren wir, nachdem wir den Personbegriff bei Hegel kurz beleuchtet haben, zu den Klassikern der deutschen Sprache zurück. Verschiedentlich wird auf Goethes Suleika-Gedicht im Westöstlichen Diwan hingewiesen:

> Volk und Knecht und Überwinder
> Sie gestehn zu der Zeit
> Höchstes Glück der Erdenkinder
> Sei nur die Persönlichkeit.

Mit diesem Persönlichkeitsbegriff scheint eine neue Auffassung zu beginnen; bei genauer Betrachtung stellt sie sich tatsächlich als etwas

3. Schillers Grundlegung einer Lehre von der Persönlichkeit

Neues dar. Wenn nur die Persönlichkeit höchstes Glück der Erdenkinder sein soll, so muß dahinter eine eudämonistische Ethik stehen; denn das *sei* deutet auf ein Sollen, eine ethische Forderung. Was kann Goethe aber mit Persönlichkeit gemeint haben? Doch nicht bloß die Person im Sinne Kants oder Hegels, auch nicht im Sinne der zitierten deutschen Sprachschöpfer Luther, Gottsched und Lessing. Wenn Goethe auch als sprachschöpferisches Genie gilt, so steht ein philosophisch anscheinend doch stark untermauerter Begriff, der bei Goethe zu einer ethischen Forderung wird, nicht plötzlich in einem Gedicht. Da muß doch eine Entwicklung vorausgegangen sein. Goethe schrieb die Suleika-Gedichte in der Zeit zwischen 1809 und 1811. Es muß also vorher irgendwo etwas zu finden sein, das diesen Persönlichkeitsbegriff entwickelt.

Schiller hat 1793 seine Abhandlung Über Anmut und Würde in der Thalia veröffentlicht, und in dieser finden sich folgende Sätze:

„Der Mensch allein hat als Person unter allen bekannten Wesen das Vorrecht, in den Ring der Notwendigkeit, der für große Naturwesen unzerreißbar ist, durch seinen Willen zu greifen und eine ganz frische Reihe von Erscheinungen in sich selbst anzufangen. Der Akt, durch den er dieses wirkt, heißt vorzugsweise eine Handlung und diejenigen seiner Verrichtungen, die aus einer solchen Handlung herfließen, ausschließungsweise seine Taten. Er kann also, daß er eine Person ist, bloß durch seine Taten beweisen."

Und an anderer Stelle, gegen Ende dieser Abhandlung heißt es:

„Man fordert Anmut von dem, der verpflichtet und Würde von dem, der verpflichtet wird. Der Erste soll, um sich eines kränkenden Vorteils über den anderen zu begeben, die Handlung seines uninteressierten Entschlusses durch den Anteil, den er die Neigung daran nehmen läßt, zu einer affektionierten Handlung heruntersetzen, und sich dadurch den Schein des gewinnenden Teils geben. Der andere soll, um durch die Abhängigkeit, in die er tritt, die Menschheit (deren heiliges Palladium Freiheit ist) nicht in seiner Person zu entehren, das bloße Zufahren des Triebes zu einer Handlung seines Willens ergeben, und auf diese Art, indem er eine Gunst empfängt, eine erzeigen."

Es handelt sich also um ethische Forderungen, die sich aus der Menschenwürde, aus dem Personsein, ergeben. Zwei Jahre später hat Schiller seine an den Herzog von Holstein-Augustenburg geschriebenen Briefe unter dem Titel „Über die ästhetische Erziehung des Menschen" in der von ihm herausgegebenen Zeitschrift Die Horen veröffentlicht. In dem 11. Brief entwickelt Schiller in aller Kürze die Grundlagen zu einer Lehre von der Persönlichkeit, und zwar zum Zwecke einer ästhetischen Erziehung, worin die ethische Forderung, die wir dann 15 Jahre später bei Goethe finden, ausführlich begründet ist. Ich zitiere aus diesem Briefe nur einige kennzeichnende Sätze:

„Wenn die Abstraktion so hoch, als sie immer kann, hinaufsteigt, so gelangt sie zu zwei letzten Begriffen, bei denen sie stille stehen und ihre Grenzen bekennen muß. Sie unterscheidet in dem Menschen etwas, das bleibt, und was, das sich unaufhörlich verändert. Das Bleibende nennt sie seine Person, das Wechselnde seinen Zustand. Person und Zustand — das Selbst und seine Bestimmungen —, die wir uns in dem notwendigen Wesen als ein und dasselbe denken, sind ewig Zwei in dem Endlichen. Bei aller Beharrung der Person wechselt der Zustand, bei allem Wechsel des Zustandes beharret die Person ... In dem absoluten Subjekt allein beharren mit der Persönlichkeit auch alle ihre Bestimmungen, weil sie aus der Persönlichkeit fließen ... denn der Mensch ist nicht bloß Person überhaupt, sondern Person, die sich in einem bestimmten Zustand befindet ... Die Anlage zu der Gottheit trägt der Mensch unwidersprechlich in seiner Persönlichkeit in sich; der Weg zu der Gottheit, wenn man einen Weg nennen kann, was niemals zum Ziele führt, ist ihm aufgetan in den Sinnen. Seine Persönlichkeit, für sich allein und unabhängig von allem sinnlichen Stoffe betrachtet, ist bloß die Anlage zu einer möglichen, unendlichen Äußerung; und solange er nicht anschaut und nicht empfindet, ist er noch weiter nichts als Form und leeres Vermögen... Seine Sinnlichkeit ist es zwar allein, die sein Vermögen zur wirkenden Kraft macht; aber nur seine Persönlichkeit ist es, die sein Wirken zu dem seinigen macht..."

Hier haben wir also die Quelle, die den Persönlichkeitsbegriff entwickelt und als Erziehungsziel begründet, und von hier aus geht der Persönlichkeitsbegriff nunmehr als ethischer in die Literatur und in die Philosophie ein. Es würde zu weit führen, den Weg genau zu verfolgen. Interessant ist, daß die Nachfolgenden sich niemals auf die eigentliche Quelle, nämlich Schiller, beziehen, sondern auf Goethe. Die Quelle scheint verschüttet zu sein, und ich möchte wünschen und hoffen, sie mit diesem Hinweis aufgedeckt zu haben.

4. Weiterentwicklung des Persönlichkeitsbegriffs durch Schopenhauer

Greifen wir noch Schopenhauer heraus, der sich in dieser Beziehung ausführlich auf Goethe beruft und der sogar das Suleika-Gedicht in Parerga vollständig zitiert. Der Persönlichkeitsbegriff wird von Schopenhauer so aufgefaßt: „Auf den oberen Stufen der Objektivität des Willens sehen wir die Individualität hervortreten, besonders bei Menschen, als die große Verschiedenheit individueller Charaktere, d. h. als vollständige Persönlichkeit[1]." Wir erkennen bei Schopenhauer eine gewisse Weiterentwicklung des Persönlichkeitsbegriffs, das unterscheidende Individuelle. In Parerga I, 122 wird das noch deutlicher: „Andererseits nun aber ist die Persönlichkeit, d. h. die selbstbewußte Individualität, welche erst erkennt und dann dem Erkannten gemäß will, ein Phänomen..." und Parerga I, 335: „Was einer ist —: also die Persönlichkeit, im weitesten Sinne. Sonach ist hierunter Gesundheit Kraft, Schönheit, Temperament, moralischer Charakter, Intelligenz und Ausbildung derselben begriffen." Klingen hier nicht Schillers Gedanken über Anmut und Würde und über die ästhetische Erziehung an? Die eudämonistische Komponente des Persönlichkeitsbegriffs, wie wir sie bei Goethe angedeutet finden, ist in Parerga I 338 und 339 zum Ausdruck gebracht: „Hieraus ist klar, wie sehr unser Glück abhängt

---

[1] *Schopenhauer*, Sämtl. Werke, Die Welt als Wille u. Vorstellung 1. Bd., S. 155, Schopenhauerausgabe Leipzig 1938.

von dem, was wir sind, von unserer Individualität." Und nun zitiert Schopenhauer Goethes Gedicht, um dann fortzufahren: „Für unser Lebensglück ist demnach das, was wir sind, die Persönlichkeit, durchaus das Erste und Wesentlichste[2]."

5. Der Persönlichkeitsidealismus

Der deutsche Humanismus, die Romantik, der Subjektivismus Nietzsches und der deutsche Idealismus des 19. Jahrhunderts haben den Persönlichkeitsbegriff angereichert, ja sie haben die Verehrung desselben förmlich bis zum Kult gesteigert. „Die Geschichte wird nur von starken Persönlichkeiten ertragen, die schwachen löscht sie vollends aus," und vorher spottet Nietzsche: „Während noch nie so volltönend von der freien Persönlichkeit geredet worden ist, sieht man nicht einmal Persönlichkeiten, geschweige denn freie, sondern lauter ängstliche verhüllte Universalmenschen[3]." (Vom Nutzen und Nachteil der Historie für das Leben) Nietzsche hat sogar vor dem Kult der deutschen Innerlichkeit gewarnt. Der Persönlichkeitskult bleibe nicht auf deutschen Boden beschränkt.

Von Carlyle und Emerson wurde ein Persönlichkeitsidealismus entwickelt, der die Persönlichkeit als Quelle geistigen Schaffens, als auf sich selbst gestellte Kraft auffaßte und verkündete. Dieser Bildungsidealismus der Persönlichkeit hat als Opposition gegen den aufkommenden Realismus der technisierten Massengesellschaft um die Jahrhundertwende eine Aufgabe gehabt. Ob ihm noch eine Chance bleibt, ist abzuwarten.

---

[2] *Schopenhauer*, Parerga u. Paralipomena, Bd. I, S. 339
[3] *Nietzsche*, Unzeitgemäße Betrachtungen vom Nutzen u. Nachteil der Historie für das Leben, Ges. Werke, Berlin 1931, Bd. I, S. 234 u. 233

III. Der Personbegriff in der Psychologie

1. Persönlichkeit als Einheit des Bewußtseins

Zur gleichen Zeit, als Schiller über den Begriff der Persönlichkeit in seinen Briefen über die ästhetische Erziehung des Menschen schrieb, hat Herbart bei Fichte in Jena gehört und Schiller persönlich kennengelernt. Herbart, Sohn eines Juristen und zunächst für das juristische Studium bestimmt, durch seine psychologischen und pädagogischen Schriften später berühmt geworden, hat die Begriffe Person und Persönlichkeit häufig gebraucht und hat schließlich Persönlichkeit psychologisch definiert. Das geschah aber erst später. Anfangs machte er keinen Unterschied. „Tugend ist Eigenschaft der Person; gewiß also darf die Einheit des persönlichen Bewußtseins nicht darunter leiden. Der Unterricht soll die Person vielseitig bilden[1]." Hervorzuhebende Menschen, Autoritäten usw. faßt er noch nicht als Persönlichkeiten auf: „Allein desto nötiger ist es, daß der Unterricht in der Geschichte diejenige Würde fühlen läßt, welche den historischen Personen und Begebenheiten gebührt[2]." Das Wort persönlich kommt in den verschiedensten Verbindungen häufiger vor: persönliches Benehmen, persönlich angenehm machen, persönlich verletzen, persönliche Einheit. Das zielt auf das Eigenständige im Sinne von Persönlichkeit. In seiner Unterrichtslehre und anderen Kapiteln seiner allgemeinen Pädagogik von 1806 gebraucht er dann den Begriff Persönlichkeit und unterscheidet verschiedene Seiten derselben. Seine Definition lautet: „Persönlichkeit beruht auf der Einheit des Bewußtseins, auf der Sammlung, auf der Besinnung."

Mit Schillers Briefen „Über die ästhetische Erziehung", über Herbarts allgemeine Pädagogik findet der Begriff Persönlichkeit Eingang in die Psychologie. Dort gilt er lange Zeit als Vulgärbegriff, den man zwar verwendet, aber nicht definiert. An seiner Verwendung kann man erkennen, wie er aufgefaßt wird, nämlich wie bei Herbart im Sinne der Einheit des Bewußtseins. Das wird anders, als die Psychologie entdeckt, welche Bedeutung den unbewußten Funktionen zukommt. Persönlichkeit ist nicht mehr die Oberfläche, die aufgesetzte Maske; sie ist eine Ganzheit. McDougall beschreibt sie als „synthetische Einheit aller Merkmale und Funktionen in ihrem innigen Zusammenspiel". Er klassifiziert

---

[1] *Herbart*, Auswahl aus seinen pädagogischen Werken, Bielefeld u. Leipzig 1921.
[2] *Herbart*, Umriß pädagogischer Vorlesungen, S. 47.

die Persönlichkeit in bestimmte Gruppen und stellt die allgemeinen Gesetze für die Wirkung der Persönlichkeitsfaktoren jeder solcher Gruppen fest. Wenn er als Faktoren dieser Art Disposition, Temperament, Naturell, Charakter und Intellekt unterscheidet, so bringt er damit schon eine weitgehende wissenschaftliche Differenzierung der Persönlichkeit nach Eigenschaften zustande.

Der Ausprägungsgrad dieser Eigenschaften erlebt eine weitere Differenzierung, bei der nun schon Maß und Zahl in Erscheinung treten können, d. h. die Persönlichkeit wird gemessen. Dieser metrische Gesichtspunkt (Hofstätter) ist aber nur einer von mehreren, die auf verschiedenen Modellvorstellungen beruhen. Der metrische bedient sich zur Darstellung der Persönlichkeit des Charakterprofils (Rossolimo).

Eine andere Modellvorstellung, als bildliche Darstellung ursprünglich für die Phylogenese und Ontogenese des Bewußtseins von C. G. Jung und seiner Schule entwickelt, hat Rothacker für seine Persönlichkeitstheorie anschaulich und überzeugend aufgebaut. Rothacker geht von der aus der neueren Psychiatrie und Psychopathologie stammenden Unterscheidung von Tiefenperson und kortikaler Person aus[3].

Diese Unterscheidung kommt nicht von ungefähr. Sie ist phylogenetisch in der Aufbaufolge der psychophysischen Leistungen begründet und besagt, daß zwei phylogenetisch nacheinander gebildete Teile des Zentralnervensystems, Stammhirn und Neuhirn, gewissermaßen zwei Instanzen psychischer Funktionen darstellen. Diese bestehen nicht nebeneinander, sondern, wie einige namhafte Psychiater und Psychologen annehmen, übereinander; sie bilden in ihrer Gesamtheit die Tiefenperson; die phylogenetisch neueren Funktionengruppen, wie Denkfunktionen und Ichbewußtsein, leben aus den kortikalen Prozessen, für die Kraus die Bezeichnung „kortikale Person" geprägt hat.

2. Das Ich und die Persönlichkeit

Über die Stellung und die Bedeutung des Ich für die Persönlichkeit hat es so lange keine klaren und befriedigenden Vorstellungen gegeben, wie die Entstehung des Ichbewußtseins noch nicht geklärt war. Man nahm an, das Ich müsse sich unter den Bewußtseinsinhalten als ein besonderer Bewußtseinsinhalt auffinden lassen. Natürlich ist dann das Ich nicht zu entdecken (J. Volkelt). Auch wurde das Ich nicht als Mittelpunkt der Persönlichkeit angesehen, sondern als etwas Sekundäres. Eine rechte Würdigung hat das Ich erst durch Freud erfahren. Wenn Freud auch die sexuellen Triebgruppen einseitig betonte, so erkannte er doch, daß dort, wo diese Triebe und Gedanken aus dem Unbewußten ins

---

[3] Friedrich *Kraus*, Allgemeine u. spezielle Pathologie der Person, Bd. 1, Leipzig 1919, Bd. 2, 1926.

Bewußtsein aufsteigen, ein Zensor wirkt, nämlich das Ich. Dieses Ich entscheidet nach Freud darüber, was heraus darf und was nicht. Die Triebe selbst sind noch unpersönlich, sie gehören nicht zum Ich, sondern sind ein Es. Erst durch das Ich, das sie passieren läßt, werden sie zum persönlichen Willen. Diese Auffassung Freuds hat einen großen Schritt weitergeführt. Sie veranschaulichte das Funktionieren des Ich und ließ auch die Bedeutung desselben für die Persönlichkeit und seine Stellung in ihr erkennen. Freud und seine Schüler haben mit dieser Theorie gearbeitet, und wir wissen, daß die Psychoanalyse damit auch zu stattlichen Erfolgen gekommen ist; aber über die Entwicklung des Ichs hat sie uns noch nichts gesagt.

Von der Erforschung der Entwicklung des Ichbewußtseins hat man einige wertvolle Gesichtspunkte für eine klarere Beinhaltung des Begriffs Persönlichkeit erhalten. Außer den erwähnten Forschungen Jungs waren es die Untersuchungen von Pfänder sowie von Carl und Charlotte Bühler, nachdem vorher schon Mach, Störring und Bleuler recht bedeutsame Ausführungen über die Komponenten des Ichbewußtseins gemacht hatten. Hiernach faßt das Individuum auf der ersten Stufe der Entwicklung des Ichbewußtseins seinen Leib als Träger erlebter Gefühle und Begehrungen auf. Der fühlende und begehrende Leib ist dem Individuum sein Ich (Störring). Auf der zweiten Stufe tritt das Bewußtsein der psychischen Tätigkeit als solcher auf. Die stärkere Entwicklung des willkürlichen Denkens und Handelns führt zu immer stärkerem Hervortreten des geistigen Faktors in dem Ichbewußtsein, womit die dritte Stufe erreicht ist, in welcher das Individuum auch zur Entwicklung von Grundsätzen kommt.

Es wäre nicht richtig, wollte man Person und Ich gleichsetzen. Das Ich ist eine Funktion, und zwar in gewissem Sinne sogar eine Kontrollfunktion, die wesentlich ist für die Entwicklung der Persönlichkeit. Es garantiert die Kontinuität des Handelns und des Selbstbewußtseins; es hält mit Hilfe der Erinnerung „die Gesamtpersönlichkeit als solche zusammen." Auf einer ungeheuren Macht des stets auf der Wacht befindlichen Ich beruht der juristische und sittliche Anspruch als verantwortliches Wesen"[4].

Mit der Vorstellung des Ich ist eine ganze Gruppe von Gefühlen verbunden, die wir als Ich-Gefühle bezeichnen, z. B. Selbstwertgefühle; diese sind von erheblicher Bedeutung für die Entwicklung der Person zur Persönlichkeit. Sie stellen das Substantielle der Persönlichkeit dar.

Entsprechend den phylogenetischen Entwicklungsstufen der Person und den ontogenetischen Stufen des Ichbewußtseins haben, von der Neurosenforschung ausgehend, Jung, Freud u. a. ein Es, Ich und Über-Ich unterschieden, die sie als Instanzen auffassen, die in einem Individuum

---

[4] *Rothacker*, Die Schichten der Persönlichkeit, 3. Aufl., Leipzig 1947, S. 92.

vereinigt sind. Diese sind Gegebenheiten, Lebensnotwendigkeiten, die in dem Verhältnis des Übereinandergeordnetseins stehen. Natürlich kann man auf den Modellbegriffen Es, Ich und Über-Ich ein ganzes Lehrgebäude errichten, und die Fülle der Lebenserscheinungen, die das Individuum als Person und als Persönlichkeit betreffen, innerhalb dieses Lehrgebäudes und unter dem Aspekt der drei Instanzen zu deuten versuchen. Nur muß man sich stets dessen bewußt sein, daß es sich um Modellvorstellungen handelt, die dem Verständnis der Lebenserscheinungen dienen, nichts weiter. Das besagt nicht, daß diese Lebenserscheinungen innerhalb eines anderen Lehrgebäudes nicht anders gedeutet und verstanden werden könnten, und vor allem eins: Die Deutung hat nur innerhalb dieses bestimmten Aspekts und nur so lange Gültigkeit, wie der Aspekt sich nicht als völlig falsch erweist. Wenn nämlich Modellbegriffe allein der schönen Bildhaftigkeit wegen Modellvorstellungen nach sich ziehen, die sich als Ungereimtheiten erweisen, dann bedarf es der Korrektur.

In der Mythologie kommt das zum Ausdruck, was auf höherer Stufe Funktion des Ichs ist, nämlich das Erlebnis als innen und außen. Es wird nicht etwa das Innenleben auf die Außenwelt übertragen, denn eine Trennung ist ja noch gar nicht vollzogen. Innen und außen sind noch eins. Was der Mensch denkt, denkt auch das Tier, die Pflanze, das Gestirn. Das All ist beseelt. Man könnte darin, von unserem heutigen Entwicklungsstand aus betrachtet, den Wunsch der Menschen erblicken, die Einsamkeit zu überwinden, indem sie die Umwelt mit Geschöpfen der eigenen Art beseelen. Das ist sicher falsch gedacht. Der Entwicklungszustand dieser Stufe läßt ein solches Wunschdenken überhaupt nicht zu. Der animistische Grundzug, der dieser Entwicklungsstufe anhaftet, ist eben bedingt durch den Zustand der Einheit von Umwelt und Inwelt.

3. Entstehung der Modellvorstellungen

Hofstätter hat die wesentlichsten Aspekte, unter denen die Persönlichkeit von den bisherigen Theorien beschrieben worden ist, gesammelt und geordnet[5]. Er zeigt drei Ansatzmöglichkeiten auf, nach denen die Modellvorstellungen von der Persönlichkeit entstehen, 1. den Profilansatz auf dem Niveau der metrischen Weltform, 2. den Schichtansatz der biologischen und 3. den Typenansatz der noetischen Weltform. Jede dieser Modellvorstellungen hat eine bestimmte Form der Beschreibung und erfaßt auch einen entsprechenden Inhalt; die Profile messen die Summe der Eigenschaften der Persönlichkeit, die man in mehreren Dimensionen darstellen kann; der Schichtansatz beschreibt die Persönlichkeit in Bildern entweder von senkrecht übereinander gelagerten

---

[5] *Hofstätter*, Die Psychologie und das Leben, Wien u. Stuttgart, 1951.

oder von zentrisch umlagerten Schichten (Freud, Rothacker, Lersch, Wellek). Der Typenansatz enthält gegenüber den beiden vorherigen eine dynamische finale Komponente, indem sie die Eigenschaften der Persönlichkeiten auf etwas hin ausgerichtet erscheinen läßt; die Eigenschaften konvergieren in einem Bild, das als Idealbild, als Typus angelegt zu sein scheint. Alle diese Modellvorstellungen lassen eine Betrachtungsweise unberücksichtigt, die Hofstätter als 4. hinzufügt, die sich aus der Auseinandersetzung des Menschen mit seiner Umwelt ergibt, die soziologische. Sie scheint mir in bezug auf die Problematik der Prognose einer Persönlichkeit äußerst wichtig.

Wir erkennen an dieser umfassenden Zusammenstellung und analytischen Betrachtung von Modellvorstellungen, wie verschieden die einzelnen Beschreibungen sind, je nach der Art der Fragestellung. Wir sehen aber auch die Gefahr, in welche derjenige gelangt, der in diesen Beschreibungen mehr erblickt als nur Beschreibungsbegriffe, die sich aus dem Modell ergeben. Was wir als Beschreibung der Persönlichkeit erhalten, ist schon durch die Fragestellung determiniert. Die Modellvorstellung ermöglicht das Verstehen, und dieses hat nur so weit Gültigkeit, wie etwas durch die Fragestellung erfaßt wird. Nicht unerwähnt darf unter den zeitgenössischen Psychologen Hubert Rohracher bleiben. Dieser erblickt in der „Tatsache, daß der gegenwärtige Kulturmensch zu seinem eigenen Erleben Stellung nehmen kann", die „einzige Möglichkeit, eine empirische Grundlage für eine Theorie der Persönlichkeitsentwicklung zu gewinnen", und er führt hierfür Beispiele aus der Sprache an, in denen diese Stellungnahme ihren begrifflichen Ausdruck gefunden hat: Selbstbewußtsein, Selbstbeobachtung, Selbsterkenntnis, Selbstkritik, Selbstbeherrschung, Selbstüberwindung, Selbstverachtung. Diese Begriffe zeigen an, „daß ein psychisches Geschehen ein anderes, im gleichen Menschen bestehendes psychisches Geschehen zu seinem Objekt machen und sogar dazu in Gegensatz treten kann." Solche Erscheinungen sind nur möglich, wenn es innerhalb des Psychischen gegensätzliche Faktoren gibt; daß es solche gegensätzlichen Kräfte wirklich gibt, weiß aber fast jeder Mensch aus eigener Erfahrung. In jedem Trieb- und Gewissenskonflikt werden sie deutlich bewußt, und die „innere Entzweiung", die sich bei der Analyse des Schuldbewußtseins und der Reue ergab, weist darauf hin, daß das „Gewissen" in der Gegensätzlichkeit von Trieben, Interessen, ethischen Erkenntnissen und moralischen Vorsätzen seine Grundlage hat. Der gegenwärtige Kulturmensch erweist sich bei dieser Betrachtungsweise als ein zwiespältiges Wesen." Man kann nach Rohracher „annehmen, daß die stärksten Triebe und Interessen sich im Erleben des Menschen durchsetzen und zur ‚Grundstruktur' der Persönlichkeit werden, die subjektiv als ‚Ich' erlebt wird." Rohracher definiert die Persönlichkeit: „Die Persönlichkeit ist das jeweilige Erlebnis der triebhaften Anlagen und der bisherigen Entwicklung. Sie kann in einem Jahr ganz anders sein als jetzt — ja in ein paar Wochen sich von Grund aus verändern, wenn das Schicksal die bisherigen Lebensgrundlagen zusammenbrechen läßt und dadurch manche der abgelehnten eigenen Triebregungen zur Auswirkung bringt. Diese Möglichkeiten — alle Möglichkeiten, die in der Anlage eines Menschen gegeben sind — faßt das Wort Charakter zusammen. Der Charakter umfaßt alle Triebe und Interessen eines Menschen; die Persönlichkeit besteht nur aus denjenigen von ihnen, die sich in der bisherigen Entwicklung zu einer geschlossenen, das Fühlen und Wollen bestimmenden Einheit verbunden haben. In fast jedem Menschen liegen die Möglichkeiten zu verschiedenen Persönlichkeiten; welche von ihnen Wirklichkeit wird, hängt von der Umwelt ab[6]."

4. Person und Persönlichkeit unter dem Aspekt des Personalismus
Kritik und Weiterentwicklung

a) Ist die Person causa finalis?

Erfährt die Gültigkeit der Modellvorstellungen zur Beschreibung der Persönlichkeit eine Einschränkung, so werden sich auch bezüglich der Anwendung der Begriffe Person und Persönlichkeit auf Seinsformen, die als Ganzheiten zu betrachten sind, Einschränkungen ergeben; denn eine solche Anwendung verläßt leicht den Boden der Wirklichkeit und begibt sich in Bereiche der Spekulation und kann zwar Gegenstand des Glaubens genannt werden, ist jedoch nicht auf das Gebiet der realen Tatsachen, wie sie durch menschliche Beziehungen und Handlungen erlebt und erlitten werden, bezogen.

Beziehen wir die Begriffe Person und Persönlichkeit auf den Menschen, so haben wir diese auf eine Wirklichkeit angewandt, die nicht umstritten ist. Diese Wirklichkeit ist gegeben als eine existierende Einheit. Ihr kommt Substantialität, Kausalität und Individualität zu. Das erstere ist ohne weiteres einleuchtend und gilt für alle Zustände der Ganzheit der Person. Die Kausalität kommt ihr zu im Sinne des Wirkens. Hierbei ist aber von Bedeutung, ob wir die Wirkkraft als von ihr ausgehend ansehen und als letzte Ursache auffassen, oder ob wir die Person als Relais betrachten, durch welche eine Kausalreihe hindurchgeht.

Nun meinen manche, der Person komme eine eigene Kausalität zu; der Beweis dafür sei ihre Zielstrebigkeit; so meinen z. B. die partiellen Deterministen: „Die Person ist causa finalis"[7] (William Stern). Leider übersieht man hierbei, daß auch das Ziel stets determiniert ist. Das

---

[6] *Rohracher*, Einführung in die Psychologie, 6. Aufl., Wien-Innsbruck 1958, S. 496/99.
[7] *Stern*, Die menschliche Persönlichkeit, Leipzig 1923, S. 6.

ist nicht Glaubenssache, sondern eine Realität, eine durch Analyse der Willenshandlung jederzeit nachprüfbare Tatsache. Was als causa finalis bezeichnet wird, ist nichts weiter als das Erlebnis der Entladungsrichtung. Die Umschaltung einer durch die substantielle Persongansheit hindurchgehende Kausalreihe erfolgt nicht als Veränderung der Kausalität an sich, denn diese ist ja determiniert, sondern als Umsetzung in einen Bewußtseinsstrom, der als causa finalis erlebt wird.

Das Dritte, welches der Person zukommt, ist die Individualität, und zwar physisch und psychisch. Sie ist einmalig in ihrer Ganzheit; mögen Individuen in mancher Beziehung sich auch gleichen, es bleibt stets jedes ein besonderes.

Der Personalismus hat eine Hierarchie von Personen verschiedener Größenordnung aufgebaut, indem er den Personbegriff auf Einheiten erweiterte, die nicht menschliche Einzelwesen, sondern „überindividuelle Personaleinheiten" sind, z. B. die Familieneinheit und das Volk. Wir werden sehen, welche Folgen diese Auffassung für die Entstehung des Modells der juristischen Person gehabt hat.

b) *Selbstentfaltung und Selbstbestimmung*

Die Person erstrebt Selbsterhaltung. Diese ist Bedingung ihres Daseins. Nun kennen wir auch noch den Begriff der Selbstentfaltung, der gerne als Unterscheidungsmerkmal von Person und Persönlichkeit gebraucht wird. Es fragt sich, was darunter zu verstehen ist. Die Selbsterhaltung der Person ist das persönliche Minimum zur Erhaltung des Daseins. Dieses Minimum besteht, abgesehen von der kreatürlichen Erhaltung, aus all dem, welches sich in der dem Menschen eigenen Reizverarbeitung der Umwelt ausdrückt, als Beantwortung oder als Eliminierung zum Zwecke der Selbstbehauptung. Es liegt darin noch wenig Dynamik und ist deshalb auch als Minimum zu bezeichnen. Ist die Selbsterhaltung etwas, das in der Daseinswirklichkeit wirkt, so ist die Selbstentfaltung nur aus der Konzeption eines finalen Prinzips und einer Hierarchie der Werte zu verstehen. Selbstentfaltung scheint ein Begriff zu sein, der eine Anzahl von Begriffen voraussetzt und auch nach sich zieht. Er wirkt gleichsam wie ein Hebel, der die Weiche zur Willensfreiheit stellt. In Wirklichkeit ist er es aber nicht; denn was zwingt uns, diese Selbstentfaltung als eine autonome anzusehen? Sie wird zwar als autonom erlebt, ist es aber in Wirklichkeit nicht. Es verhält sich mit dem Erlebnis der Selbstentfaltung ähnlich wie mit dem des Bewußtseins der Willensfreiheit.

Man hat zwar versucht, ein objektives Kriterium für die Selbstentfaltung zu finden, indem man die Entwicklung der Person von der Kindheit zum Erwachsensein, also den Wachstums- und Reifungsprozeß als solchen ansah; das ist aber nicht richtig und legt dem Begriff Selbstentfaltung einen anderen Sinn unter; denn der Reifungsprozeß ist ein biologischer, der mit Autonomie oder gar mit Autotelie nichts zu tun hat. Kein vernünftiger Mensch würde heute noch behaupten wollen, daß er seinen Reifungsprozeß von der Kindheit bis zum Erwachsensein selbst gesteuert hätte. Mit Selbstentfaltung ist der Prozeß des Werdens der Persönlichkeit gemeint; das ist ein Entwicklungsprozeß des Individuums von der Person her, der gleichsam eine höhere Daseinsstufe ermöglicht.

Ist es das wirklich? Wir erkennen, wie wenig uns der Begriff der Selbstentfaltung nützt. Er ist ein Beschreibungsbegriff, der das Werden der Persönlichkeit aus der Person verständlich machen soll, tatsächlich aber durch die Silbe *selbst* nur Unklarheit bringt. *Entfaltung* würde als Beschreibungsbegriff genügen, und es müßte dann heißen: Die Person wird entfaltet zur Persönlichkeit, und das *Selbst* hätte nur als subjektives Kriterium, nämlich als Erlebnisqualität zu gelten.

Der Begriff Selbstentfaltung verhilft uns daher zu keinem objektiven Kriterium, und alles, was sich auf ihn stützt und von ihm abgeleitet wird, hat nur den Charakter subjektiver Erlebnisqualitäten, z. B. das Bewußtsein der Willensfreiheit. Das ist an anderer Stelle ausführlich dargelegt worden. Hier können wir deshalb gleich auf einige andere Begriffe eingehen, die mit dem der Selbstentfaltung und der Willensfreiheit eng verbunden sind: die Selbstbestimmung, Selbstverwirklichung und die causa finalis der Person.

Während der Begriff der Selbstentfaltung auf einer biologischen Modellvorstellung beruht, ist Selbstbestimmung ein ethischer Begriff. Lassen wir die Vorsilbe „selbst" fort, so haben wir einen Allgemeinbegriff, der nicht ursprünglich ein ethischer ist; er wird es erst durch seine Bezogenheit auf das *Selbst*. Sich selbst bestimmen steht im Widerspruch zum Determinismus und geht auf ein Menschenbild zurück, welches durch Kant seine vollendetste Darstellung gefunden hat, heute jedoch keine Gültigkeit mehr besitzt. Selbstverwirklichung bedeutet im Sinne des Kantschen Menschenbildes und seiner Ethik sein Handeln nach einem obersten Prinzip, welches er als kategorischen Imperativ näher bestimmt hat, richten. Da dieses Handeln aber gleichzeitig autonom sein soll, entsteht ein Widerspruch insofern, als der imperativische Charakter des Zieles ein von außen gegebener, ein determinierter ist. Determinismus und Autonomie sind Gegensätze, die einander aufheben und um deren Lösung man sich vergeblich bemüht hat, solange die philosophische Anthropologie des 18. Jahrhunderts unser Denken beherrschte. Man hat sich bemüht, eine Lösung des Widerspruchs mit Hilfe des partiellen Determinismus zu suchen. Das ist aber nicht gelungen. Nicolai Hartmann und Max Scheler haben auf die Rechtsphilosophie, insbesondere auch auf die Strafrechtslehre —

aber vorwiegend nur in Deutschland — eingewirkt, und so finden wir denn das gleiche vergebliche Bemühen um eine Kompromißlösung zwischen Autonomie und Determination im partiellen Determinismus, ob er nun finale Handlungslehre in der modernen Strafrechtstheorie heißt oder Autotelie in der personalistischen Philosophie, sie befriedigen nicht und fordern, was ihre Verfechter auch gar nicht wundert, zu immer neuen Auseinandersetzungen auf. Auf eine solche können wir hier jedoch verzichten, weil es andern Orts, sowohl in der Ethik als auch bezüglich der Strafrechtstheorie bereits geschehen ist[8].

c) Die beiden bewegenden Momente der Entwicklung des Persönlichkeitsbegriffs

Die Entwicklung des Begriffs Persönlichkeit hat sicher zwei bewegende Momente gehabt, nämlich 1. die Entwicklung alles dessen, was mit dem Ichbewußtsein zusammenhängt, wie Ichgefühl, Selbstbewußtsein, das Bewußtsein der Eigenart, das Wissen um die Geistigkeit und die Individualseele, das Freiheitsbewußtsein, der Gedanke, losgelöst zu sein von der Natur, das Bewußtsein relativer Macht, des Rechts, der Geltung und der Selbständigkeit; 2. die Entwicklung der menschlichen Gesellschaft, das soziologische Moment, welches die Entstehung solcher Gedanken und Gefühle überhaupt erst ermögliche. Bei dem Leibeigenen z. B. konnte kein Freiheitsbewußtsein entstehen. Es ist deshalb nicht verwunderlich, daß der Begriff Persönlichkeit erst dort gebildet wird, wo die soziologischen und ideologischen Voraussetzungen gegeben sind. Es ist verständlich, daß bei einer Überbetonung des Individuums und bei einem Kult des Individuellen solche Gebilde leicht vernachlässigt werden, die nicht als Individuen anzusehen sind. Da diese aber für den Bestand der Individuen lebenswichtig sind, wie z. B. Familie, Volk, Staat usw., so müssen die überindividuellen Gebilde die zur Erhaltung der Individuen notwendigen Funktionen ebenfalls ausüben können. Individuen machen also die überindividuellen Gebilde erst funktionsfähig.

d) Determination der Modellvorstellung durch die Fragestellung

Für die Behandlung unseres Themas ist sodann eine Erkenntnis wichtig, die bezüglich des Begriffs der Persönlichkeit in der Psychologie herausgestellt wurde, nämlich die Bedeutung der Fragestellung und der Modellvorstellung. Ich habe an anderer Stelle in größerem Zusammenhang dieses erkenntnistheoretische Problem ausführlich behandelt. Auch in der Jurisprudenz kommt es auf die Fragestellung an,

---

[8] *Nass*, Der Mensch und die Kriminalität, Bd. 1 Teil 1 u. Bd. 2 Teil 5.

4. Person und Persönlichkeit unter dem Aspekt des Personalismus

mit der man an die Untersuchung der Tatsachen herangeht. Betrachtet man z. B. Fragen der Staatsrechtslehre individualistisch, so wird der Staat individualistisch erklärt. Ist das Recht als überindividuelle Wirklichkeit aufgefaßt, aus dem allgemeinen Willen entstanden, so betrachtet man es universalistisch. Das Ergebnis jeder der beiden Betrachtungsweisen muß jeweils ein anderes sein und ist es auch tatsächlich, wie die Rechtsgeschichte beweist. Die individualistische Fragestellung hat zum Grundprinzip die Freiheit des einzelnen, die universalistische dagegen die Gerechtigkeit. Die Frage nach dem Recht erfaßt jedes Mal etwas anderes. Einmal erscheint das Recht als die Summierung des Willens einzelner, das andere Mal als Ausdruck eines überindividuellen Willens. Der Wille ist psychische Funktion der Person, richtiger ausgedrückt: erlebte Funktion eines spezifischen psychophysischen Ablaufes. Das soll keine Definition sein, sondern Kategorisierung zur Vermeidung von Mißverständnissen und zur Ausschaltung von Schwierigkeiten, die sich aus einer psychologisch unrichtigen Auffassung vom Willen ergeben könnten. Sprechen wir vom Willen des einzelnen, so beziehen wir diesen auf ein Individuum und damit auf eine Person. Es fällt dann nicht schwer, von einem Personwillen bzw. von dem Willen der Persönlichkeit zu sprechen. Anders verhält es sich, wenn wir einen überindividuellen Willen meinen, d. h. den Willen eines Wesens, das über den Individuen stehen soll, das also nicht die Summe der einzelnen darstellt, sondern einen Willen hat. Als Erlebnisträger eines solchen Willens kann man nicht die Person im Sinne unserer psychologischen Modellvorstellungen bezeichnen; hier werden neue Modellvorstellungen benötigt, die als Erlebnisträger des überindividuellen Willens fungieren.

Wie sich diese durch die Fragestellung bilden, zeigt folgender Überblick: Bei der individualistischen Betrachtung des Staates ergeben sich drei Hauptformen, Anarchismus (Stirner, Der Einzige und sein Eigentum), Macchiavellismus (Machtlehre) und die Vertragstheorie (Naturrechtslehre, Hobbes, bellum omnium contra omnes, Übertragung der eigenen Herrschergewalt an eine Zentralstelle in einem Vertrage. Durch diesen Vertrag ist der Staat seinem Wesen nach als bloßer Verein gekennzeichnet, O. Spann). Durch den Vertrag verzichtet jeder auf einen Teil seiner Rechte und tritt dieselben an den Herrscher, den Staat ab. Dieser ist eine Fiktion. Das geistige Leben im Staate ist nicht sein Eigenleben, sondern ist Eigenleben jedes einzelnen Bürgers. Nach der universalistischen Betrachtungsweise wird der einzelne Mensch „in seiner Geistigkeit nicht als in sich selbst beruhend und selbst bestimmt aufgefaßt", sondern gliedhaft. Die Gesellschaft ist Ganzheit, ist daher eine eigene Realität. Diese Realität liegt in der Gemeinschaft, in der Verbundenheit mit dem anderen. Die Gesellschaft ist nicht „ein bloßes Aggregat individueller Punkte"[9]. Der Staat ist universalistisch eine sittliche Ganzheit. Seine wichtigsten Formen sind die Theokratie, die ständische oder körperschaftliche Staatsform und der Nationalstaat. Eine Mischform stellt die Demokratie dar. Die universalistischen Staatsformen sind die ältesten. Erst als das „Wir denken" abgelöst wird vom Ichbewußtsein, beginnen die Auseinandersetzungen zwischen universalistischen und individualistischen Staatsauffassungen, so Platon und Aristoteles gegen die Sophisten. In der Renaissance werden individualistische Auffassungen vertreten, auch Kants Auffassung ist individualistisch, aber die Romantik bringt wieder den universalistischen Standpunkt zur Geltung, und dieser wird beibehalten von Liszt, Görres, Schmoller und Spann.

---

[9] *Spann*, Gesellschaftsphilosophie, Handbuch d. Philosophie, München u. Berlin 1928, S. 12.

IV. Die Entwicklung des Personbegriffs in der Rechtsgeschichte

1. Der Personbegriff in der Rechtsauffassung des Altertums

Eine Darstellung der Entwicklung des Personbegriffs in der Rechtsgeschichte verlangt die Berücksichtigung von zwei Aspekten; der eine ist der chronologische, der andere der pragmatische. Der chronologische wird uns vorwiegend auf rechtsphilosophisches Gebiet führen, der pragmatische muß sich mit dem Personbegriff in einigen Disziplinen der Jurisprudenz befassen, z. B. in der Genossenschaftslehre und in der Staatsrechtslehre. Die Sicht unter diesen beiden Aspekten bedeutet keine Trennung der Materie an sich; eine solche würde übersehen, daß die Disziplinen der Jurisprudenz von rechtsphilosophischen Ideen beeinflußt bzw. getragen werden. Die Sicht unter den beiden Aspekten erfolgt aus wissenschaftsmethodologischen Gründen, um die einzelnen Gegenstände einmal von dieser, ein andermal von jener Seite in den Blickpunkt zu nehmen und schärfer herauszuheben.

In den juristischen Quellen der Römer findet sich persona nicht in der Bedeutung einer juristischen Person, jedenfalls ist das nicht erwiesen, eher in der vulgären Bedeutung Person. Da man auch Sklaven häufig als persona bezeichnet, denen die Römer die Rechtsfähigkeit nicht zuerkannten, ergäbe sich daraus ein Widerspruch, wenn die römischen Juristen persona im Sinne einer rechtsfähigen, also *juristischen* Person verwendet haben sollten. Der Begriff persona hat in der römischen Rechtssprache gar keine andere Bedeutung als in der Literatur. Rechtsquellen von Theophilus, Cassiodor u. a. bestätigen, wie Schloßmann überzeugend nachgewiesen hat, keineswegs die Lehre von dem juristischen Begriff Person. Personam non habere und aprosopon bedeuten niemals keine juristische Person sein, sondern für das Recht nicht existieren, was von den Sklaven gesagt ist[1].

Allgemein ist man heute der Auffassung, daß die Theorie der juristischen Person auf das kanonische Recht zurückgeht. Dort wird die universitas als Individuum bezeichnet. Papst Innozenz IV. nennt die *Gesamtheit* eine fingierte Person zum Unterschied von dem realen Begriff des Menschen (Binder). Aber schon vorher finden wir den Begriff Person für eine Pluralität, als eine Personifikation. Rheinfelder

---

[1] *Schloßmann,* Persona und prosopon im Recht und im christlichen Dogma, Dissertation Kiel 1906.

zitiert eine Urkunde aus dem 1. nachchristlichen Jahrhundert, in der es heißt: „ad personam coloniae". Hier wird anscheinend eine Kolonie personifiziert; der Zweck ist ganz offensichtlich der, die Kolonie als Besitzerin des Fundus hinstellen zu können. In einer Urkunde aus dem 5. Jahrhundert heißt es „in persona Christianorum", womit die Gesamtheit der Christenheit gemeint ist. Die Bezeichnung popoli persona wird von Hilarius im 4. Jahrhundert für die Gesamtheit des Volkes gebraucht (Rheinfelder). Hier haben wir also die ersten Anzeichen für die Übertragung des Begriffs Person auf ein aus mehreren Individuen bestehendes Subjekt.

In die christliche Dogmatik ist das Wort persona als dogmatischer Begriff von Tertullian eingeführt worden. Er wendet es für eine göttliche Person an. Es mag dahingestellt sein, weshalb Tertullian gerade dieses Wort wählte. Uns interessiert in diesem Rahmen auch nicht der Bedeutungswandel des Begriffs persona in der Trinitätslehre. Er ist nicht aus dem juristischen Begriff hervorgegangen. Immerhin fällt ein besonderes Licht auf die Verwendung des Wortes persona durch die Trinitätslehre.

„Das Altertum hatte niemals ein Bedürfnis, den Begriff persona zu definieren, empfinden können. Jedermann wußte, was und wie wenig es in den meisten Fällen besagte, und niemand kannte das Wort anders, denn als ein auf Menschen bezügliches. Als aber persona als Bezeichnung auch für nicht menschliche Wesen sich eingebürgert hatte, als in der christlichen Kirche auch Gott, Christus, der Heilige Geist, Engel und Heilige persona genannt wurden, da mußte man darauf aufmerksam werden, daß die Theologen sich fort und fort hier eines Wortes bedienten, dessen gewöhnlicher Sinn im Widerspruch stand mit der von ihnen jetzt vertretenen übermenschlichen, rein geistigen Natur der göttlichen Wesen. Zugleich aber sagte man sich, daß das alte Wort persona sich mit einem neuen Inhalt erfüllt habe, und fühlte sich teils aus rein spekulativem Interesse, teils und vielleicht vorwiegend, um den durch seinen Gebrauch erregten Schein des Anthropomorphismus abzuwehren, gedrungen, sich über diesen Inhalt genau Rechenschaft abzulegen[3]."

Deshalb also definiert man diesen neuen und erweiterten Begriff persona als selbständiges, nur sich selbst gleiches Wesen, das mit Vernunft bedacht ist. Boethius definiert: „Persona est naturae rationalis individua substantia." Cassiodor: „Persona vero hominis est substantia rationalis individua suis proprietatibus ceteris aggregata." In diesen Definitionen sind „neben den Menschen jetzt auch die göttlichen und übermenschlichen Wesen untergebracht" (Schloßmann), und hier besitzen wir nun einen wichtigen Hinweis auf den Ursprung jener metaphysischen Auffassung von der Person, die wir im 19. Jahrhundert bei den Neukantianern und Hegelianern, bei Dilthey, Scheler und Nicolai

---
[2] Wer die Entwicklung genauer kennenlernen möchte, lese bei *Schloßmann* die §§ 8—11 S. 73—112 nach, worin ganz klar aufgezeigt ist, wie es zum Gebrauch des Wortes persona für Wesen gekommen ist.
[3] *Schloßmann*, S. 110 ff.

Hartmann wiederfinden und welche die Jurisprudenz, insbesondere die Staatslehre, auch die Gesellschaftslehre beeinflußt haben.

Wo immer wir in der Geschichte des römischen Rechts auf den Personbegriff stoßen, niemals kann er im Sinne unseres Begriffes der juristischen Person, wie er bei uns seit dem 16. Jahrhundert gebraucht worden und später unter dem Einfluß der kantischen Freiheitslehre abgewandelt worden ist, aufgefaßt werden. Das Recht der Antike konnte einen solchen Begriff der juristischen Person nicht entwickeln, weil ein wesentliches Moment, welches dem Begriff anhaftet, das der Freiheit des Handelns, noch gar nicht gedacht war. Die Frage also, wie die juristische Person zu konstruieren sei, ist nicht durch das römische Recht gelöst. Was wir heute als juristische Person bezeichnen, kann von den Römern nicht so gemeint gewesen sein; zum andern ist das, was dem römischen Recht als Idee und Maxime zu Grunde lag, nicht etwas absolut Feststehendes, sondern dem Wandel der Geschichte unterworfen und zudem nicht auf Rechtsinstitute späterer Zeit übertragbar. Richtig ist, daß die Frage der Handlungsfähigkeit mehrerer Individuen auch den römischen Juristen einiges Kopfzerbrechen bereitet hat, und als Ausweg haben dann auch die Glossatoren die Fiktionstheorie gefunden.

2. Der juristische Personbegriff im 16.—18. Jahrhundert

Die persona ficta wird von den Naturrechtlern des 16. Jahrhunderts beibehalten; hinzu kommt noch die Übernahme der Staatslehre aus dem römischen Recht. Das hat Coing in seiner Schrift *Der Rechtsbegriff der menschlichen Person und die Theorie der Menschenrechte*[4] überzeugend dargestellt. Persona wird als Bezeichnung für einen Menschen gebraucht, „der einen Status hat und daher am Rechtsleben teilnimmt". Diese Statuslehre wird nach Coing ergänzt „durch die Lehre vom sogenannten status naturalis" der Naturrechtler (Grotius, Pufendorf, Thomasius und Wolf).

Im 18. Jahrhundert dringt die Lehre Kants von der sittlichen Selbstbestimmung der Person in das Rechtsleben ein. Der freie Wille und die Vernunft sind die Kräfte, welche den Menschen auszeichnen. Der Mensch ist Rechtssubjekt. Jedem kommt die gleiche Rechtsfähigkeit zu. Die Freiheit des einzelnen findet ihren Ausdruck im Zivilrecht. Die Person bedarf des Schutzes. Ihre Würde soll nicht angetastet werden. Das Naturrecht des 18. Jahrhunderts behält zwar weiterhin die persona ficta bei, verwendet aber bezüglich der Korporation die Vorstellung von der Kollektivperson. Mit dieser müssen wir uns besonders befassen; sie nimmt in-

---

[4] *Coing,* Der Rechtsbegriff der menschlichen Person und die Theorie der Menschenrechte, Tübingen 1950.

nerhalb der Persontheorien einen breiten Raum ein. Bevor wir darauf eingehen, verweilen wir einen Augenblick noch bei dem Begriff der juristischen Person.

Man ist berechtigt zu fragen, weshalb man den Begriff der juristischen Person überhaupt eingeführt hat. Es geht um die Frage der Verantwortung, die ein Rechtssubjekt als handelndes Wesen übernimmt. Es geht ferner um die Willenserklärung, um ein Wollen. Die Person kann wollen, und diese Funktion ist es eigentlich, die den Anreiz gab, den Begriff der juristischen Person einzuführen. Die Person hat Wollen. Um diese Funktion auch bei gewissen Justizakten voraussetzen zu können, bedarf es der Existenz einer juristischen Person. Man sieht, der Begriff der juristischen Person ist eigentlich nichts weiter als eine Hilfe, eine Hilfsvorstellung, die man mit einer Funktion ausgestattet denkt.

Gegen zwei Momente müssen wir argumentieren: 1. Die Vorstellung von der juristischen Person wird als real gedacht. 2. Die hinzugedachte Funktion des Willens wird als so bedeutungsvoll angesehen, ja sie ist der eigentliche Anlaß zu dieser Hilfskonstruktion *juristische Person*.

Zu 1. Wir fragen: Kann die gedachte juristische Person als Realität aufgefaßt werden? Diese Frage erfährt von der Rechtslehre her eine ganz andere Beantwortung als von der Psychologie. Die Anthropologie und die Psychologie haben es mit dem Menschen als Leib-Seele-Geist-Einheit zu tun; nicht mit dem gedachten Wesen, sondern mit einem realen; und selbst wenn es ein Abstraktum ist, so ist es immer noch ein aus der Realität abstrahiertes Wesen, und dieses hat Funktionen, die sich in seinem Verhalten, in seinem Tun, manifestieren, beim konkreten einzelnen recht eindeutig, mitunter sogar bestimmbar. Sie ist in allen Äußerungen an ihre Natur gebunden. Deshalb sprechen wir auch von ihr als von einer *natürlichen Person*. Die natürliche Person ist also keine fiktive, keine nur in der Vorstellung vorhandene, sondern außer der Vorstellung, die wir von ihr haben, auch in der Realität vorhandene Person. Noch einfacher ausgedrückt: Die natürliche Person existiert zuerst in der Wahrnehmung, alsdann kann ein Abbild von ihr in der Vorstellung erscheinen. Dieses bleibt dann aber Abbild, nicht Realität. Die fiktive Person dagegen entsteht in der Vorstellung. Sie ist ein gedachtes Modell. Kann sie überhaupt Wahrnehmungscharakter erhalten? Kann das Modell in die Außenwelt projiziert werden?

3. Der juristische Personbegriff im 19. Jahrhundert

a) Hufeland, Savigny und Puchta

Bevor wir diesen Gedankengang weiterführen, wollen wir die Entwicklung des Personbegriffs in der Jurisprudenz fortsetzen. Die kantische Lehre von der sittlichen Freiheit des Menschen hat sich auf die Auffassung von der Person insofern ausgewirkt, als nun der Begriff der moralischen Person auftaucht. Coing hat ausführlich dargelegt, wie diese neue Auffassung von der Person ihren Niederschlag in dem juristischen Begriff der Rechtsperson fand. „Weil der Mensch berufen ist, sittliche Person zu sein, muß er Rechtsperson sein und Rechte haben, um seine sittliche Freiheit in freiem Tun zu verwirklichen[5]."

Ein kurzer Überblick anhand der Coingschen Ausführungen mag die Entwicklung weiter verdeutlichen. Hufeland, von Kant unmittelbar beeinflußt, lehrt in seinen Lehrsätzen des Naturrechts von 1795 „das Recht an der Person als das subjektive Recht, aus dem alle anderen folgen". Bei von Rotteck „folgt aus der ethischen Persönlichkeit des Menschen der naturrechtliche Anspruch, Rechtsperson zu sein." Savigny formuliert: „Alles Recht ist vorhanden um der sittlichen, jedem einzelnen Menschen innewohnenden Freiheit willen. Darum muß der ursprüngliche Begriff der Person des Rechtssubjekts zusammenfallen mit dem Begriff des Menschen ..."[6].

Wir sehen, welche Bedeutung mit einem Schlage der kantische Begriff der moralischen Person für die Jurisprudenz erhält. Dieser Begriff ist die Brücke, die über den Graben von der Innenwelt zur Außenwelt führt. Die natürliche Person mit ihren wahrnehmbaren Funktionen ist eine Realität. Die moralische Person ist die natürliche Person wie sie sein soll.

Savigny hat das Problem der juristischen Person nicht in der Gegenüberstellung von natürlicher und moralischer Person gesehen, sondern in dem Verhältnis des Rechts zur Person: „Jedes Rechtsverhältnis besteht in der Beziehung einer Person zu einer anderen Person. Der erste Bestandteil derselben, der einer genaueren Betrachtung bedarf, ist die Natur der Person, deren gegenseitige Beziehung jenes Verhältnis zu bilden fähig ist. Hier ist also die Frage zu beantworten: Wer kann Träger oder Subjekt eines Rechtsverhältnisses sein? Diese Frage betrifft das mögliche Haben der Rechte oder die Rechtsfähigkeit[7]." Savigny läßt den ursprünglichen Begriff der Person oder des Rechtssubjekts zusammenfallen mit dem Begriff des Menschen, und er drückt das in der Formel aus: „Jeder einzelne Mensch und nur der einzelne Mensch ist rechtsfähig". Der Einfluß Kants auf die rechtsphilosophischen Anschauungen Savignys ist hier unverkennbar. Die Individualethik kann nichts anderes zulassen, als daß der Mensch als Träger einer ethischen Persönlichkeit Rechtssubjekt sei.

Was wird als Rechtssubjekt verstanden? Subjekt des Rechts ist das, was wollen darf. Die Rechtsfähigkeit hängt vom Wollen-Können ab.

---

[5] *Coing*, a. a. O., S. 201.
[6] zitiert nach *Coing*, S. 202.
[7] *Savigny*, System II § 60 S. 1 u. 2.

Die juristische Person besitzt die Fähigkeit zum rechtlichen Wollen. Savigny hat in seiner Personifikationstheorie die Notwendigkeit der Fiktion der juristischen Person eben wegen der Notwendigkeit, ein Rechtssubjekt zu haben, mit folgender Argumentation begründet: Er sagt, es gibt Rechtskomplexe ohne physisches Subjekt. Der Rechtsbegriff erfordert aber ein Subjekt. Also muß ein Rechtssubjekt dasein, welches nicht physisches Subjekt ist. Ein solches ist die juristische Person.

Puchta, der Nachfolger Savignys, der große Systematiker der historischen Rechtsschule, hat die Personifikationstheorie noch vertieft, wobei er sich als ein Schüler des Philosophen Schelling erweist:

„Indem wir den Menschen in seinen rechtlichen Beziehungen betrachten, heben wir dies an ihm hervor, daß ihm die Möglichkeit eines Willens zukommt. Wir abstrahieren von seinen individuellen Eigenschaften, die für die moralische Qualifikation seines Willens entscheidend sind oder geben ihnen wenigstens nur eine untergeordnete Bedeutung und stellen jene über der individuellen Verschiedenheit stehende gleichmäßige Macht oder Möglichkeit des Willens an die Spitze. Als Subjekte eines solchen in der Potenz gedachten Willens heißen die Menschen Personen; mit diesem Wort wird daher ihre Stellung im Recht bezeichnet. Persönlichkeit ist also die subjektive Macht eines rechtlichen Willens[8]."

Das ist sehr präzise formuliert, wenn auch die Begriffe Person und Persönlichkeit noch nicht unterschieden werden. Das geschieht, obgleich die Philosophen und die Klassiker der Sprache seit Beginn des 19. Jahrhunderts den Begriff Persönlichkeit in ganz bestimmtem Sinne anwenden, in der Sprache der Jurisprudenz noch nicht. Es hat sogar den Anschein, als ob Persönlichkeit dort gebraucht wird, wo man Person meint. Das ist bei einigen Juristen noch das ganze 19. Jahrhundert hindurch der Fall, wie wir noch sehen werden. Was aber Puchta besonders herausstellt, ist die Macht des Willens. In dem Willen erblickt er das entscheidende Kriterium für die Person. Außer diesem, mit Wollen ausgestatteten Rechtssubjekt gibt es nach Puchta noch ein anderes: „Das Recht hat aber auch Personen aufgestellt, die eine bloß ideelle Existenz haben, insofern das Subjekt der Persönlichkeit bei ihnen nur ein Begriff ist. Solche Personen heißen juristische oder fingierte[9]."

b) *Bluntschli, Beseler und Zitelmann*

Haben Savigny und Puchta die juristische Person noch als fingierte aufgefaßt, so geht Beseler einen Schritt weiter: Die juristischen Personen sind nicht fingierte, sondern reale Personen[10, 11]. Dagegen argumentiert Bluntschli 10 Jahre später in seiner Theorie von den fingierten Personen folgendermaßen: 1. Kein Recht ohne Subjekt. 2. Subjekt der

---

[8] *Puchta* in Weiskes Rechtslexikon III, 65.
[9] Ders., a. a. O.
[10] *Beseler*, Erbverträge, 1835.
[11] Ders., Volksrecht und Juristenrecht, 1843.

Rechte ist nur der Mensch. 3. Die Existenz von Rechtskomplexen ohne physisches Subjekt ist eine Tatsache. 4. Es gibt Vermögen, die herrenlos sind. 5. Es liegt ein Konflikt zwischen Rechtslogik und den Tatsachen vor. 6. Eine Lösung des Konflikts kann nur durch die Fiktion erfolgen. 7. Das fehlende Subjekt wird also durch Fiktion ersetzt. Dem Einwand der Rechtsphilosophen, daß zur Personifikation ein Substrat vorhanden sein müsse, begegnet man damit, daß ja bei den sogenannten juristischen Personen ein solches stets zu finden sei, z. B. bei den Korporationen sei das Vermögen das Substrat. Das ist aber unserer Ansicht nach kategorial eine Unmöglichkeit. Man kann nicht materielle Werte, welche doch ohne Zweifel Güter darstellen, mit Personwerten gleichsetzen. Kuntze hingegen erklärt die Korporationen als unfingierte wirkliche Realitäten, juristische Personen für fingierte Personen[12]. Was ist nun richtig? Man versteigt sich zu der Meinung, die Korporationen haben einen natürlichen Körper, so der Humanist Baron[13].

Andere bringen wiederum den Willen ins Spiel, so Zitelmann: Subjekt des Rechts ist das, was wollen darf, Objekt des Rechts ist das, in bezug worauf gewollt werden darf; Inhalt oder Substanz des Rechts ist das, was gewollt werden darf. Die Rechtsfähigkeit hängt vom Wollen-Können ab. „Der Rechtsbegriff kennt nur eine notwendige Voraussetzung für die Persönlichkeit, das ist die rechtliche Willensfähigkeit, (nicht bloß die instinktive, wie sie das Tier z. B. hat). Die Leiblichkeit des Menschen ist für seine Persönlichkeit eine ganz irrelevante Eigenschaft: Es kommt auf den wirkenden Willen an, den er hat[14]." Ein solcher Personbegriff ist völlig irreal. Er ist selber eine Fiktion. Daß Korporationen als handelnde Rechtssubjekte, nämlich als Wesen, die wollen können, anzusehen sind, soll durch einen Fundamentalsatz von Zitelmann, dem „Prinzip der Einheit in der Vielheit" bewiesen werden. Zitelmann versucht diesen Nachweis in der Naturwissenschaft, in der Philosophie, in den Künsten, im alltäglichen Leben und in der Jurisprudenz zu erbringen, aber es gelingt ihm nur scheinbar, denn er übersieht dabei, daß es sich bei den „Einheiten" 1. um gedachte handelt, 2. daß diese zwar vom Beobachter gedachte Funktionen aber — wir gebrauchen dieses Wort mit aller Vorsicht — keine autonomen Funktionen haben. Schließlich gelangt Zitelmann zu der Definition: „Juristische Personen sind unkörperliche Willen".

---
[12] *Bluntschli,* Theorie von den fingierten Personen, Heidelberger Krit. Zeitschrift V S. 359—362.
[13] *Baron,* die Gesamtrechtsverhältnisse im römischen Recht § 1, die Universitas Personarum, Marburg u. Leipzig 1864.
[14] *Zitelmann,* Begriff und Wesen der sogenannten juristischen Person, Leipzig 1873, S. 68 ff.

c) Unger und Ihering

Auch Unger hat das Willensmoment zum Kriterium erhoben: „Persönlichkeit ist die Fähigkeit einen rechtlichen Willen zu haben[15]."

Ihering hingegen entfernt das Willensmoment und setzt an seine Stelle den Interessenschutz. Er erblickt zwar in der ethischen Persönlichkeit des Menschen die Grundlage der juristischen Person, das Recht ist aber für ihn eine wirtschaftliche Kategorie, keine ethische[16].

4. Der juristische Personbegriff während und nach der Jahrhundertwende

a) Der Relativismus bei Binder

Kurz nach der Jahrhundertwende begegnet uns eine neue Auffassung von der juristischen Person, die sich von Kant und Hegel entfernt und die dem Rechtsdogmatismus einen Relativismus entgegensetzt: Rechtssubjekt ist kein Dingbegriff, sondern Relation. Die Rechtsordnung hat es nicht mit Dingen zu tun, sondern nur mit Relationen. „Der Wille als ethische Kategorie hat mit dem Recht an sich nichts zu tun." (Binder) Juristisches Wollen und Handeln ist etwas anderes als individuelles Wollen und Handeln, obgleich nicht auszuschließen ist, daß letzteres mit dem ersteren zusammenfällt. „Das Problem der juristischen Persönlichkeit ist heute ein anderes als im Mittelalter. Damals war es ein Problem der Rechtsgestaltung, ein im wesentlichen praktisches Problem. Für uns dagegen hängt es mit den allertiefsten Grundbegriffen zusammen; es ist ein wesentlich erkenntnistheoretisches Problem ... Es ist kein juristisches, sondern ein metaphysisches Problem[17]. Binder erblickt in dem Recht keine individualethische Kategorie, denn es dient ja nicht „der Durchsetzung der sittlichen Persönlichkeit des einzelnen gegenüber der Gesellschaft", sondern „dem Schutze der Gesellschaft gegenüber dem Individuum"[18]. Diese Gedanken Binders stehen zunächst seinen Zeitgenossen gegenüber allein. Sie nehmen vieles vorweg, was gerade heute wieder ausgesprochen wird. Zunächst können wir uns seiner Auffassung bezüglich des Rechtssubjekts anschließen: „Rechtssubjekt sein heißt mithin, in bestimmt gestalteten rechtlichen Beziehungen stehen"[19].

In dem Schlußkapitel der zitierten Abhandlung hat Binder einen Gedanken zum Ausdruck gebracht, der noch von niemandem vorher ge-

---

[15] *Unger*, Zur Lehre von den juristischen Personen, in der kritischen Überschau der deutschen Gesetzgebung und Rechtswissenschaft, Bd. 6 S. 145—188, München, 1859.
[16] *Ihering*, Geist des römischen Rechts, Bd. 3 S. 330/339, Leipzig 1869, sowie Iherings und Ungers Jahrbücher für Dogmatik, Bd. XII S. 1—135, Jena 1872.
[17] *Binder*, Das Problem der juristischen Persönlichkeit, S. 33, Leipzig 1907.
[18] Ders., S. 43.
[19] Ders., S. 53.

4. Der juristische Personbegriff um die Jahrhundertwende

äußert worden ist und den wir besonders hervorheben möchten, weil er unserer Auffassung nach die erkenntnistheoretische und psychologische Problematik der Persönlichkeitstheorie umschließt: „Wie die Person kein Ding der Erscheinungswelt, sondern eine Denkform ist, so ist es auch die juristische Person. Es handelt sich um ein Bild, in dem wir einen Inbegriff der verschiedenartigsten Relationen zusammenfassen und dessen wesentlichen Inhalt wir daher auch nur dadurch ermitteln können, daß wir durch Analyse des in ihm konzentrierten Vorstellungsgehaltes diese einzelnen Relationen wieder zu gewinnen suchen[20]. Hierin liegt für uns wohl die wichtigste Erkenntnis Binders. Die juristische Persönlichkeit ist als Rechtsbegriff ein relativer Begriff, der von dem Wesen des Rechts bestimmt wird. Die Rechtspersönlichkeit geht nicht vom Menschen, sondern vom Recht aus. Man könnte darin einen Rechtsdogmatismus erblicken; aber Binder weist ja deutlich auf den Relativismus hin.

Noch deutlicher kommt das in seiner Kritik an Gierkes Begriff der Gesamtperson zum Ausdruck. Binder erscheint nämlich die Gierkesche Gesamtperson „als eine Personifikation oder wenn man will als eine Anthropomorphisierung, als ein glänzender Versuch, der juristischen Person Leben einzuhauchen, gewinnender und fesselnder als die anderen Theorien, aber doch auch wie jene schattierend in der Tatsache, daß die juristische Person nun eben kein natürlicher Organismus ist." Zwischen Individuum und Gesamtperson bestehen keine identischen Begriffsmerkmale. Die Gesamtperson ist kein reales Lebewesen; ihre Existenz besteht nur in der Vorstellung. Sie ist ein Bild, das für eine Sache steht, und man muß sich der Tatsache stets bewußt bleiben, daß es ein Bild ist. Mit einem Bild kann man aber nur als Bild operieren, man kann nicht von den einzelnen Inhalten des Bildes abstrahieren (Binder). Vollends mit Recht lehnt Binder Gierkes Personbegriff ab: „Die Fähigkeit, Rechtssubjekt zu sein, heißt Persönlichkeit"[21]. Diese Definition ist zu weit gefaßt.

b) Der Personbegriff in der Genossenschaftslehre

α) v. Gierke und Hölder

Gierkes Theorie der Person, die Binder kritisiert hat, ist ein Teil seiner Organtheorie, und diese bildet die Grundlage seiner Genossenschaftstheorie. Nach ihm beschränkt sich der Begriff Person nicht auf das menschliche Individuum, sondern er umfaßt auch den organisierten Verband. Der Verband hat für ihn „selbständige Persönlichkeit". Er ist „gleich dem Individuum eine leiblich-geistige Lebenseinheit ..., die wol-

---
[20] Ders., S. 144 ff.
[21] *Gierke*, Deutsches Privatrecht, S. 265.

len und das Gewollte in die Tat umsetzen kann. Nun, das geht doch wohl an der Wirklichkeit vorbei und steigert sich ins Irreale.

Hölder hat diese Auffassung mit Recht kritisiert und abgelehnt. In der Genossenschaftstheorie ist aber der Begriff der juristischen Person zu einer besonderen Bedeutung gelangt. Die Erklärung hierfür erhalten wir aus folgender Betrachtung. Der Mensch ist auf ein Leben in der Gemeinschaft angelegt. Er kann sich nicht entwickeln ohne die Einwirkung durch andere, die teils vor ihm begonnen haben zu leben und andere, die noch beginnen zu leben. Die Generationen greifen ineinander über. „In der Umwelt trifft die Vor- und Nachwelt zusammen[22]." Hier haben wir es bereits mit einer Zusammenfassung von Individuen zu tun, die eine Gesamtheit bilden. Es stehen sich in der Vor- und Umwelt Gesamtheiten gegenüber. Das sind Gesamtheiten von Erlebnisträgern, die ihre Erfahrungen weitergeben, einander beeinflussen, Träger von Erscheinungen einer Epoche sind.

Wir begeben uns damit unversehens auf das Gebiet der Kultursoziologie. Dort haben Toynbee und Spengler und vor ihm Dilthey, gestützt auf die Hegelsche Philosophie, Kulturen als Organismen aufgefaßt, ihr Werden und Vergehen dargestellt und die *Gesamtheiten* einer Kultur als einen beseelten Organismus beschrieben. Sicher hat hierbei die Bergsonsche Metaphysik Pate gestanden.

Die aus der Philosophie stammende Vorstellung des überindividuellen Bewußtseins (Kant und Hegel), in der Geschichtsphilosophie und Anthropologie in Begriffen wie Volksseele und Volkskörper enthaltene Personifikation von Gesamtheiten, in der Soziologie als Gruppenseele und Organismus der Gruppe und anderer Gesamtheiten sich auswirkende Theorie, findet ihren Niederschlag in der Organtheorie und ihren verschiedenen Abwandlungen in der Jurisprudenz. Nur was die Philosophen nicht fertiggebracht haben, nämlich den Träger des überindividuellen Bewußtseins als Person zu bezeichnen, das geschieht in der Jurisprudenz, und zwar auf dem Wege über den Begriff der Persongesamtheit. Diese wird zur „Gesamtpersönlichkeit".

Der Gesamtpersönlichkeit nun auch alle die Eigenschaften zuzuschreiben, mit denen man die juristische Person und die Persönlichkeit, was seit der Jahrhundertwende in der juristischen Literatur dasselbe bedeutet, ausgestattet denkt, ist nun ein leichtes und geschieht dann auch, wobei in den Rechtstheorien die jeweiligen philosophischen Standorte und die psychologischen Forschungsergebnisse hindurchschimmern. Die größte Bedeutung wird bei der Gesamtperson ähnlich wie bei der juristischen Person (Einzelperson) der Willensfunktion beigemessen. Man bildet den Begriff Gesamtwillen, und dieser ist es nun, der in der Genossenschaftstheorie eine wichtige Rolle spielt.

---

[22] *Hölder*, Natürliche und juristische Person, Leipzig 1905, S. 28.

4. Der juristische Personbegriff um die Jahrhundertwende

β) Die „Persongesamtheit"

Im Genossenschaftsrecht wird die *Persongesamtheit* mit ihrer *Gesamtwille* genannten Funktion zur juristischen Person. Sie ist eigentlich ein Hilfsbegriff, eine Fiktion, und zwar eine Person, die über den Mitgliedern steht, welche ja auch Rechtssubjekte sind, aber für einen bestimmten Rechtsakt, z. B. Vermögenshaftung, ausgeschaltet werden sollen, eine Personrolle gleichsam spielt[23]. Mit der Fiktion der juristischen Person statuiert man die Loslösung des Vermögens von den beteiligten Menschen[24]. Die juristische Person ist nie Selbstzweck, sondern dient dem Zwecke bestimmter Rechtssubjekte. Sie wird geschaffen von den beteiligten Menschen, nicht vom Gesetz, wie wir es deutlich bei der Aktiengesellschaft sehen. Meurer bezeichnet die juristische Person „als Ausdruck für die einer Vielheit durch das Recht zuteil gewordene Einheitshandlung"[25]. Salkowski meint ähnlich wie Rümelin: „Überall, wo mehrere Personen durch Absonderung von Stücken aus ihrem Vermögen ein neues einheitliches Vermögen bilden, welches als ein von ihrem eigenen Vermögen Getrenntes, Verschiedenes, Selbständiges, rechtlich anerkannt wird, da haben wir heutzutage mit dem Begriff der juristischen Person zu tun[26]." Ihre Funktionen einschränkend fügt er hinzu: „Die juristische Person eines Personenvereins betrifft nur sein Erscheinen nach außen." Das ist sicher nicht richtig, sondern richtig ist, daß sie nach außen und innen wie eine physische Person, wie eine Einheit wirkt, wobei sie als Subjekt Rechte und Pflichten hat, die von ihren Mitgliedern als einzelnen Subjekten unterschieden sind. Meurer hat das auch so gesehen, wenn er mit Bezug auf sie sagt: „Wenn sie ganz wie eine Einheit funktioniert, also nach innen und nach außen wie eine physische Person behandelt wird[27]."

Was nun die Bezeichnung der juristischen Person als Fiktion betrifft, so erfährt dieser Fiktionsbegriff eine ganz spezifische Substantialität und damit ein Gewicht, das weit über der gewöhnlichen Kategorie der Fiktion liegt. Otto Mayer hat das so ausgedrückt: „Wäre bestimmt worden, es solle so angesehen sein, als wäre ein wirklicher Mensch da, wo keiner ist, so wäre das eine Fiktion; denn über die Natur ist die Rechtsordnung nicht Meisterin, wohl aber ist sie Meisterin zu bestimmen, was vor ihr als Rechtssubjekt gelten soll. Wenn sie sagt: das soll so behandelt werden, als wäre es eins, so hat das den gleichen Wert, als wenn sie sagt, das ist eins. Insofern ist die juristische Person für den Juristen eine Wirklichkeit; für andere auch, sie sehen sie nur nicht. Was den Men-

---

[23] *Böhlau*, Rechtssubjekt und Personrolle, 1871.
[24] *Rümelin*, Methodisches über die juristische Person, S. 63.
[25] *Meurer*, Die juristische Person nach deutschem Recht, S. 79.
[26] *Salkowski*, Zur Lehre von den juristischen Personen, 1862, S. 66 ff.
[27] *Meurer*, Die juristische Person nach deutschem Reichsrecht, S. 50.

schen zum Individuum macht, wird bei ihr (der juristischen Person) ersetzt durch juristische Merkmale, die ihr gegeben sind[28]..."

Das geht über den Personbegriff weit hinaus. Es ist in Wirklichkeit also doch nicht leicht gemacht, die Personhaftigkeit solcher Gebilde zu beweisen, wie sie die Genossenschaften darstellen.

Laband u. a. machen den Versuch, an Hand von Inhalten, die man dem Begriff zuordnet, den Beweis zu erbringen. Man begeht hierbei aber den Fehler, daß man das Kriterium der juristischen Person in Eigenschaften sieht, die keineswegs das Kriterium von Personeigenschaften sind und die daher eigentlich nichts beweisen[29].

γ) Gesamtperson und Einzelperson

Einen wichtigen Beitrag zur Unterscheidung von Einzelperson und Gesamtperson hat Hölder geleistet. „Man denkt sich das Verhältnis der Gesamtperson zur Einzelperson ähnlich wie das Verhältnis eines körperlichen Ganzen zu seinem Teil[30].

Solche Gesamtpersonen seien z. B. die Völker. „Für das geistige Gesamtleben hat das individuelle geistige Leben Bedeutung nicht schon durch seine Existenz, sondern erst durch seine Betätigung". Damit entgeht Hölder dem Einwand, daß ein geistiges Gesamtleben auch ein überindividuelles Bewußtsein haben müsse. Er kennt nur ein individuelles Bewußtsein.

Die Unterscheidung von Einzelperson und Gesamtperson hat sich eingebürgert durch die namentlich dem Juristen geläufige Unterscheidung von Einzelwillen und Gesamtwillen und durch die Identifizierung der Person und des Willens, kraft welcher durch die Existenz eines Gesamtwillens die Existenz einer Gesamtperson unmittelbar gegeben schien. Immer mehr wird aber erkannt, daß ein menschlicher Gesamtwille nichts anderes ist als die mehr oder weniger bewußte Übereinstimmung des von verschiedenen Menschen Gewollten. Das ist eine sehr einleuchtende, unter Berücksichtigung psychologischer analytischer Betrachtung entstandene Erklärung, der wir eigentlich nichts hinzuzufügen haben.

δ) Theorie des Gesamtwillens

Dennoch scheint es notwendig, sich mit der Theorie des Gesamtwillens etwas ausführlicher zu beschäftigen. Sie hat in der Körperschaftslehre eine große Rolle gespielt. „Der organisierte menschliche Verband (Genos-

---

[28] *Mayer*, Otto, Die juristische Person und ihre Verwertbarkeit im öffentlichen Recht, Tübingen 1908, S. 17 ff.
[29] *Laband*, Beiträge zur Dogmatik der Handelsgesellschaften, Zeitschrift für das gesamte Handelsrecht, Bd. XXX.
[30] *Hölder*, Natürliche und juristische Person, Leipzig 1905, S. 32 ff.

4. Der juristische Personbegriff um die Jahrhundertwende

senschaft im weiteren Sinne), sei es nun, daß er als juristische Einheit (juristische Person, Körperschaft) anerkannt ist oder nicht, zeitigt relativ einheitliche Willensäußerungen, die als Gemein- oder Gesamtwille zusammengefaßt werden³." Diese Willensgröße ist erklärt worden durch die Fiktionstheorie, durch die organische Theorie (Gierke und Preuß), die Zweck-Einheitstheorie (Jellinek) und die Summierungstheorie (Meurer). Letztere besagt, der Verbandswille sei die Summe der Einzelwillen.

Der Gedanke der Summierung der Einzelwillen taucht in der Philosophie häufig auf, zuerst bei Aristoteles. Nach ihm ergibt ein Addieren der Einzelwillen und Urteile einer Masse etwas Besseres als die des einzelnen (Haff). Kant neigt zur Summierungstheorie. Der Gemeinwille der Organtheorie findet sich schon in Montesquieus esprit générale, in Rousseaus volonté générale und in Hegels allgemeinem Willen. Auch bei Herbart findet sich in seiner allgemeinen praktischen Philosophie (1808) der allgemeine Wille, ebenso bei Wundt in seinem System der Philosophie[32].

Das Problem des Gemeinwillens ist ein genetisches: Wie bildet sich bei dem Verband ein einheitlicher Wille? Darüber haben Wundt, le Bon, Külpe und Marbe eingehende psychologische Untersuchungen angestellt; letzterer hat besonders durch seine Feststellung von Gesetzmäßigkeiten über Gleichförmigkeiten im Ablauf des psychischen Geschehens zu wertvollen Erkenntnissen über die einheitliche Willensbildung beigetragen. Le Bon hat Gesetze der einheitlichen Willensbildung bei der Masse aufgezeigt. Die Psychologie hat die Entstehung einheitlicher Willensäußerungen erklärt durch das Gesetz der Wiederholung, der Nachahmung u. a. Aber es fehlte immer noch eine klare Stellungnahme zu der Frage, ob diese Erscheinungen zurückgehen auf eine substantielle bzw. aktuelle Volksseele als Gebilde, das den psychischen Vorgängen und Inhalten analog ist oder auf kollektive geistige Erscheinungen, die gegenüber dem Individuellen etwas Neues, Eigenartiges darstellen oder auf individualpsychische Vorgänge.

Die Juristen haben versucht, sich selber zu helfen. Binder meinte, der Verbandswille sei kein Wille im psychologischen Sinne. Kelsen sagte das gleiche in bezug auf den Staatswillen[33]. Binder machte einen Unterschied zwischen dem juristischen Handeln des einzelnen und dem der juristischen Persönlichkeit; ersteres falle mit dem psychologischen zusammen, letzteres sei ein viel komplizierteres Phänomen. Das ist zweifellos richtig.

Haff hat unter Berufung auf den Psychologen Külpe, welcher Triebwollen und Zweckwollen unterscheidet, den Versuch gemacht, den

---

[31] *Haff*, Grundlagen einer Körperschaftslehre, I. Teil, Gesetze der Willensbildung bei Genossenschaft und Staat, Leipzig 1915.
[32] *Wundt*, System der Philosophie, Leipzig 1889, S. 605.
[33] *Kelsen*, Hauptprobleme der Staatsrechtslehre, 1911, S. 182 ff.

Verbandswillen als Triebwillen zu erklären und somit seine Realität ohne die Zuhilfenahme einer Fiktion zu beweisen. „Der Gemeinwille als Triebwille ist mehr als die Summe der Einzelwillen". Das zeigte sich z. B. bei Massenäußerungen, auch bei überstürzt gefaßten Verbandsbeschlüssen. „Die Grundlage der Willensprodukte ist der Einzelwille. Nur ist die Wirkung der vereinigten Willen nicht gleich der Summe der Einzelwillen, sondern sie ist potenzähnlich gesteigert". „Bei kleineren Verbänden, z. B. den aus wenigen Mitgliedern bestehenden Gesellschaften des BGB (§ 705 ff.), dem nichtrechtsfähigen und rechtsfähigen Verein, kann bei gewissen Beschlüssen von einer Summe der Einzelwillen gesprochen werden. Bei größeren Verbänden ist hingegen der als Zweckwille in Betracht kommende Beschluß in der Regel nicht die Summe der Zweckwillen aller Mitglieder, sondern nur eines Teils derselben". „Die Masse der Versammelten stimmt häufig zu aus Triebwollen, z. B. unterworfen dem Nachahmungsgesetz u. a. interindividuellen Normen." Der Verbandswille als Triebwille ist etwas anderes als der Einzelwille (qualitativ und quantitativ). Verbandswille als Zweckwille bei kleineren Verbänden ist nur quantitativ verschieden vom Einzelwillen; bei größeren Unternehmungen körperschaftlicher Art ist der Verbandswille als Zweckwille qualitativ und quantitativ vom Einzelwillen verschieden. Das mag auf den ersten Blick richtig erscheinen, bei näherer Betrachtung erweist sich aber die Grundlage, nämlich die Külpesche Unterscheidung als nicht haltbar. „Bei einer eigentlichen Triebhandlung wissen wir von dem Zwecke derselben nichts, d. h. wir werden uns nicht explizite klar über das letzte Ziel der Bewegungen, die wir ausführen[34]." Das trifft wohl zu für Instinkthandlungen, gilt aber nicht für Willenshandlungen. Haff meint: „Für die Erkenntnis des Verbandslebens ist die Beobachtung von Bedeutung, daß Bewegungen, denen ursprünglich eine bestimmte Absicht zu Grunde lag, nach häufiger Wiederholung auch ohne eine solche, entweder als Triebhandlungen oder sogar vollkommen unbewußt als Reflexbewegungen ausgeführt werden[35]."

Diese Unterscheidung von Triebwollen und Zweckwollen führt nicht weiter. Sie ist überholt. Zwar hätte eine solche Unterscheidung eine psychologische Grundlage für das vermeintliche Bestehen des Willens einer Personenmehrheit geben sollen, aber diese Grundlage war von vornherein falsch; denn worin soll der Unterschied zwischen Triebwollen und Zweckwollen bestehen? Wissen wir, wie Külpe meint, von der Triebhandlung nichts, so können wir auch nicht von Triebwollen sprechen, denn Wollen rechnete man bisher doch immer zu den be-

---

[34] *Külpe*, Grundriß der Psychologie, S. 340.
[35] *Haff*, Grundlagen einer Korporationslehre, I. Teil, Gesetze der Willensbildung bei Genossenschaft u. Staat, Leipzig 1915.

4. Der juristische Personbegriff um die Jahrhundertwende 45

wußten Ichakten, was gerade die Rechtsphilosophen und Strafrechtstheoretiker bisher fast ausnahmslos bejaht haben.

Es ist schon richtig, daß sich das Individuum, das sich in einer Masse, etwa einer Volksversammlung befindet, seiner Handlungen nicht mehr bewußt zu sein braucht, daß bei Handlungen, die in einer Masse und von einer Masse begangen werden, das Ichbewußtsein herabgesetzt, bzw. mehr oder weniger ausgeschaltet ist; das ist es aber bei fast allen Handlungen. Ichbewußtsein ist kein Kriterium der Willenshandlung. Also doch Triebwollen? Keineswegs! Ein Unterschied zwischen Triebwollen und Zweckwollen besteht nämlich gar nicht; denn Triebentladung ist immer an sich zweckgebunden. Der Trieb ist ja so angelegt, daß er den Zweck in sich enthält. Aber gemeint ist offenbar etwas ganz anderes, nämlich die Unterscheidung zwischen einer intellektuellen Zielsetzung als Zweck und einer mehr emotional bestimmten. Das Zweckbewußtsein, richtiger der Gedanke an den Zweck des erstrebten Ziels verstärkt die Strebungsgefühle. Es kann auch umgekehrt der Zweckgedanke eine Zielvorstellung bewirken; beide verschmelzen dann zu einem und erzeugen die Strebungsgefühle, welche Entladungstendenzen in der Richtung auf das gewollte Ziel hin erzeugen. Solche Willensvorgänge können wir auch bei der Entstehung eines sogenannten Gesamtwillens beobachten. Ob es sich um eine Generalversammlung von Aktionären handelt, um eine Vorstandssitzung, einen Aufsichtsrat, eine Vereinsversammlung, eine Verbandssitzung, stets wird ein solcher Vorgang sich bei den Einzelpersonen abspielen, die an der Versammlung bewußt teilnehmen. Von diesen hat man diejenigen Teilnehmer zu unterscheiden, die psychisch gar nicht beteiligt sind, bei denen sich also gar kein Willensvorgang abspielt und die, wenn abgestimmt wird, reflexartig die Hand erheben bzw. das gewünschte Zeichen mitgeben. Bei ihnen kommt es entweder zu gar keinem Willensvorgang, ihre Willensäußerung ist nur eine scheinbare, oder es treten Reste bereits vollzogener Willensakte auf reproduktiver Grundlage in Erscheinung. Letztere repräsentieren eine früher getroffene Entscheidung. Der sogenannte Gemeinwille einer Gesellschaft — gleich welcher Art — ist keineswegs dem Willen einer nichtorganisierten Masse gleichzusetzen; auch kann man nicht von Triebwollen sprechen, wenn in einer Aktionärsversammlung die Mehrheit der Aktionäre, welche betriebsfremd ist, sich von gewinnsüchtigen oder betriebsschädlichen Gesichtspunkten leiten läßt.

Der Gemeinwille mehrerer Personen ist die relative Gleichheit des Ablaufs von Willensvorgängen. Die Gleichheit ist gegeben in der Willensfunktion. Sie besteht ferner in der Zielsetzung, welche die Richtung der Entladungstendenz bestimmt (hier also die Entscheidung bzw. die Abstimmung). Eine partielle Gleichheit kann in der Dynamik der Entladungstendenzen vorhanden sein. Diese ist individuell verschieden, aber qualitativ ähnlich. Die individuellen Unterschiede brauchen jedoch nicht in Erscheinung zu treten. Sie bestehen in individuellen Komponenten wie Temperament, Urteilsfähigkeit, Einsicht, Erfahrung, persönlichem Vorstellungsschatz und den mit letzterem verbundenen Gefühlen verschiedenster Qualität und Stärke.

Nun ist es eine bekannte Erscheinung, daß von den Willensvorgängen das Ziel und die Strebungstendenzen, d. h. die funktionalen Elemente als solche erlebt werden und auffallen. Die individuellen Komponenten, welche die Strebungstendenzen qualitativ differenzieren, fallen nicht auf. Wenn die Zielvorstellung und die Strebungstendenzen stark sind, ist es für den Effekt belanglos, ob die reproduktiven individuellen Faktoren mehr oder weniger differenziert sind. Das differierende Individuelle hat seinen Zweck ohnehin erfüllt, wenn es die Strebungstendenzen aktivierte. Gleiche Strebungstendenzen und gleiche Zielvorstellungen mehrerer Personen erwecken den Eindruck eines Gemeinwillens. Die partielle Identität mehrerer Personen läßt die Vorstellung der psychischen Einheit derselben entstehen, und diese Einheitsvorstellung ist es, die nun leicht den Gedanken eines Individuums nahelegt. Nichts berechtigt dazu, einen solchen Gedanken zu einer Modellvorstellung werden zu lassen und diese zu Hilfe zu nehmen, um die juristische Person als Wesenheit zu erklären. Die Willensvorgänge in einer Personenmehrheit bleiben immer funktionale Abläufe der Einzelperson, niemals werden sie zu Abläufen des vermeintlichen Willens einer Gruppe oder eines Kollektivs.

In der modernen Strafrechtspraxis hat sich der Kollektivgedanke nicht durchzusetzen vermocht, z. B. wenn es sich darum handelte, im Krieg gemeinsam begangene Verbrechen zu bestrafen. Die Tatsache der Zugehörigkeit zu einer als verbrecherisch erklärten Organisation allein wurde für eine Verfolgung im strafrechtlichen Sinne nicht als ausreichend erachtet; stets wurde der Einzelwille, insbesondere die Entscheidung des einzelnen, herausgearbeitet. Die These von der Kollektivschuld mag bei manchem Zustimmung gefunden haben, in der Praxis hat sie versagt, was ja durch das paradoxe Entnazifizierungsverfahren bestätigt wurde: Kollektive Anschuldigung, individuelle Anklage, individuelle Verurteilung.

Bei der Beurteilung der Willensvorgänge im Verbandsleben spielen die Gefühle eine nicht unerhebliche Rolle. Es kann vorkommen, daß in Zuständen wirtschaftlicher Depression der ganze Stimmungshintergrund der Teilnehmer einer Wirtschaftsgruppe von gleicher Farbe ist und dadurch die Willensvorgänge beeinflußt werden. So kommen „Gefühlsbeschlüsse" zustande, die nicht von vernünftigem Wollen getragen sind, bei denen also die gefühlsgetragenen Vorstellungen den Ausschlag geben. Es kann auch in einer Gruppe durch Stimmungsmache er-

4. Der juristische Personbegriff um die Jahrhundertwende

reicht werden, daß gefühlsträchtige Vorstellungsgruppen ohne logische Kontrolle angehäuft werden, die dann eine Zielsetzung im Sinne solcher Vorstellungsgruppen begünstigen.

ε) Die Bedeutung der Gleichförmigkeit psychischen Geschehens für die Erklärung des Gemeinwillens

Unter den Gesetzen der Gleichförmigkeit des psychischen Geschehens zitiert Haff eine in der Erkenntnistheorie Störrings beschriebene Gesetzmäßigkeit, welche sich aus der Wiederholung eines Willensaktes ergibt und die als *assoziativ bedingtes Zwangsgefühl* bezeichnet wird. Diese Gesetzmäßigkeit erklärt die Verhaltensweise bei Willenskundgebungen mehrerer Personen unter gleichen Bedingungen, wenn es sich um Wiederholung von Willensabläufen handelt. Es kann hierbei meiner Ansicht nach nicht schon der wiederholte funktionale Ablauf das Zwangsgefühl erzeugen, vielmehr dürfen nur Zielvorstellungen und Strebungstendenzen ähnlich sein. Geschickte Leiter von Vorstandssitzungen erreichen bei schneller Abfolge von Abstimmungen infolge der Wiederholung ähnlicher Willenshandlungen ein Abstimmungsergebnis, welches wenig differiert. Stimmt man über solche Fragen zuerst ab, die eine sichere Mehrheit erwarten lassen, so ist die Chance, daß sich die Abstimmungsergebnisse bei den folgenden Punkten wenig ändern, um so größer, je mehr die Willensfunktionen automatisiert werden. Das hängt auch von der Anzahl der Wiederholungen ab. Diese Gesetzmäßigkeit erklärt ebenso wie die der Nachahmung das gleichförmige Verhalten mehrerer Personen als Mitglieder eines Verbandes. Die Nachahmung ist um so leichter und umfassender, je stärker die Autorität des Leiters eines Verbandes ist.

Die Gleichförmigkeit psychischen Geschehens erklärt aber noch in anderer Hinsicht den sogenannten Gemeinwillen als eine Funktionsgleichheit einzelner Personen eines Verbandes bzw. einer Gruppe. Organisationen gleich welcher Art haben stets ein Organisationsprinzip oder mehrere, welche dem Zweck der Organisation günstig sind. Personen schließen sich zusammen, um einem bestimmten Zweck zu dienen, einem wirtschaftlichen, kulturellen, politischen, religiösen, humanen usw., manche sind eng begrenzt, z. B. den Bau eines Atomreaktors zu finanzieren und die Atomkraft mit Gewinn laufend zu verkaufen. Es leuchtet ohne weiteres ein, daß diejenigen Personen, welche sich zu einer solchen Gesellschaft zusammenschließen, ein einheitliches, relativ eng begrenztes Ziel haben. Die möglichen individuellen Unterschiede wurden schon erwähnt. Sie fallen nicht ernsthaft ins Gewicht, weil das Ziel der Organisation eine Fülle einzelner Willensziele bei den einzelnen Personen determiniert. Die Identität der Willensziele aller Personen dieser Organisation führt zu einer Gleichförmigkeit der Willensvorgänge.

Es mag sein, daß einzelne Personen dominieren, einzelne in den Teilzielen von einander abweichen, aber das Ziel aller ist das gleiche.

Es ist die Frage aufgeworfen worden, was früher da sei, der sogenannte Gemeinwille oder die Organisation. Schafft der Gemeinwille erst die Organisation oder entsteht der Gemeinwille durch die Organisation. In dieser Frage schwingt mit das Problem des Gesamtwillens[36]. Sie ist heute nicht schwer zu beantworten. Der Gründungsakt einer Organisation, etwa einer Genossenschaft, schafft die Voraussetzungen für die Entstehung gleichförmiger Willensvorgänge der Einzelpersonen, der Genossen. Die Organisation ist das Medium, welches den sogenannten Gemeinwillen ermöglichen soll. Dieses Medium herzustellen bedarf es des Entschlusses mehrerer Einzelpersonen. Die Einzelpersonen, die sich zu einer Genossenschaft zusammenschließen, haben das gleiche Ziel, nämlich die Konstituierung einer Genossenschaft. Die Willensvorgänge der Einzelpersonen sind daher infolge der gleichen Zielsetzung partiell identisch. Auf der partiellen Identität der Willensvorgänge beruht die Ähnlichkeit der Willensvorgänge aller, und auf dieser der Eindruck eines Gemeinwillens. Mit der Konstituierung der Genossenschaft ist ein Ziel, welches von allen Personen konzipiert wurde, erreicht, ein Willensvorgang eigentlich abgeschlossen. Aber es hat sich in dieser Konstituierung noch mehr ereignet, nämlich in der Zwecksetzung der Gemeinschaft als solcher sind Willensakte latent vorgegeben, welche, wie oben bereits ausgeführt, die Gleichschaltung der Willensvorgänge der Genossen im Hinblick auf diese latenten Ziele bewirken. Richtig ist also, daß der sogenannte Gemeinwille weder vor der Organisation da ist noch später wirkt. Richtig ist, daß der Einzelwille der Personen die Organisation konstituiert und mit dieser Organisation das Medium, welches die Gleichschaltung latenter Willensvorgänge der Personen, Willensabläufe, die im Hinblick auf den Organisationszweck partiell identisch sind, bewirkt.

---

[36] *Gierke*, Die Genossenschaftstheorie und die deutsche Rechtsprechung, 1887.

V. Grundbegriffe zur Klärung der juristischen Persönlichkeitstheorie

1. Die Stellung der Fiktion im System der logischen Funktionen

Zum besseren Verständnis dessen, wie die Staatsrechtslehre den Personbegriff entwickelt hat, wird es zweckmäßig sein, an dieser Stelle einige Begriffe zu klären, mit denen die Rechtsphilosophie arbeitet und die den inneren Zusammenhang mit größeren Lebens- und Wissenschaftsbezirken erkennen lassen.

Die Fiktion ist das Ergebnis einer Tätigkeit, die mit dem Verb fingere ausgedrückt wird, d. h. formen, bilden, darstellen, sich vorstellen, einbilden, denken, ersinnen und erfinden. So reichhaltig die Bedeutung dieses Verbs ist, so reich sind die Gebiete der Fiktion. Allein wenn man an die Mythologie denkt, die reich ist an Fiktionen, so haben wir den Ausgangsbereich für alle die Gebiete, in denen das Denken, die Phantasie, die Vorstellungswelt, sich im Darstellen, Erfinden, Ersinnen, Bilden, Gestalten und Formen betätigen, also in der Religion, in den Künsten und in den Wissenschaften.

Die Fiktion stellt stets eine bewußte Abweichung von der Wirklichkeit dar; sie enthält einen Widerspruch in sich selbst. Ihre Aussage kann daher nur so lange dauern, bis sie durch Erfahrung bzw. echte Denkmethoden ersetzt wird. Zur Fiktion gehört das Bewußtsein der Fiktivität. Das wird von vielen Denkern manchmal übersehen, weshalb auf Fiktionen mitunter Denkgebäude mit dem Charakter der Wirklichkeit errichtet, Folgerungen gezogen werden, die nicht fiktive, sondern absolute Geltung haben sollen; dabei haben solche Fiktionen wie z. B. die äußerst beliebte, den Staat mit einem Organismus zu vergleichen, doch nur illustrativen Charakter, und Rechtsphilosophen, insbesondere auch Staatswissenschaftler, unterliegen dann der Selbsttäuschung und übersehen das Wesentliche, was einen Organismus von einem Staatsgebilde unterscheidet. Eine solche Fiktion dient zwar der Veranschaulichung, mehr ist sie nicht, und man kann aus dem bildhaften Vergleich keine Identifikation mit den Gesetzen des Aufbaus, den Lebensgesetzen und Strukturen des Organismus machen, d. h. die Fiktion verifizieren wollen.

Vaihinger rechnet die Fiktion zu einer Art besonderer Tätigkeitsmanifestation der logischen Funktionen. „Die fiktive Tätigkeit der Seele ist eine Äußerung der psychischen Grundkräfte; die Fiktionen sind psychische Gebilde[1]." Fiktionen sind Hilfsbegriffe, mit denen unser Denken einen Zweck zu erreichen sucht. Unsere Vorstellungswelt ist nicht immer und nicht nur ein Abbild der Wirklichkeit, sondern mit vielen subjektiven Bestandteilen durchwirkt. Zu ihnen gehören die Fiktionen. Sie sind psychische Gebilde, welche in der Wirklichkeit nicht existieren.

Für den Erkenntnistheorethiker besteht die ganze subjektive Vorstellungswelt aus Fiktionen. „Die Empfindungsqualitäten stimmen nicht mit den Vorgängen der Außenwelt überein, ja sie sind ihnen nicht einmal ähnlich. Der Logiker setzt die Welt mit den von uns hineinprojizierten Eigenschaften als wirklich und kann auf Grund dessen untersuchen, welchen subjektiven Gebilden in dieser Wirklichkeit objektive Wahrnehmungskomplexe entsprechen und welche dagegen nur fiktiver Natur sind[2]." Der Erkenntnistheorethiker hat also einen viel weiteren Fiktionsbegriff. Da wir es mit logischen Funktionen zu tun haben, und zwar aus pragmatischen Gründen des sich Zurechtfindens und Handelns in der Welt, können wir uns nur mit dem engeren Fiktionsbegriff befassen, und dieser ist es auch, dem wir in der Jurisprudenz begegnen.

Vaihinger hat eine Einteilung, eine künstliche Klassifikation vorgenommen, abstrakte Fiktionen, bei denen eine ganze Reihe von Merkmalen ausgelassen und nur die wichtigsten Erscheinungen eines Denkgegenstandes herausgegriffen werden. (Wenn z. B. Adam Smith annimmt, daß alle Handlungen der Menschen nur vom Egoismus diktiert werden.) Auch der „Idealfall" oder die Durchschnittsfiktionen wie der „Durchschnittsmensch" sind solche. Ferner sind zu nennen schematische Fiktionen, apodiktische Fiktionen (der Urstaat, die Urreligion, die Urpflanze), symbolische Fiktionen, die mit den poetischen Gleichnissen und dem Mythos verwandt sind und besonders in der wissenschaftlichen Theologie beliebt sind. Symbolische Fiktionen spielen eine große Rolle im Denken überhaupt, insofern nämlich, als das ganze diskursive Denken mit mathematischen Symbolen und mit Erkenntnissen operiert, die als Gleichnis, Bild oder Gegenstück des Wirklichen aufzufassen sind. Es ist in diesem Zusammenhang zu unterscheiden zwischen realen und fiktiven Analogien. Reale Analogien können durch Hypothesen aufgefunden werden, nicht aber durch Fiktionen. Hypothesen zielen stets auf Verifikation, haben also mit Fiktion nichts zu tun. Fiktive Analogien dürfen nicht als real angesehen werden.

Wir setzen die Reihe der Fiktionen fort mit den juristischen, die in der Rechtswissenschaft sehr zahlreich vertreten, besonders im römischen und englischen Recht sehr strapaziert worden sind, den personifikativen

---
[1] *Vaihinger*, Die Philosophie des Als-ob, 1. Aufl., Berlin 1913, S. 18.
[2] Ders., a. a. O., S. 23.

Fiktionen wie Seele, Ich, heuristischen Fiktionen wie Weltsystem, psychophysischer Parallelismus, praktisch-ethischen Fiktionen wie Freiheit, Zurechnungsfähigkeit, die sittlichen Ideale und endlich den fiktiven Grundbegriffen der Mathematik wie der Raum, der leere Raum, der Punkt, die Fläche usw.

2. Über den Realitätsgrad der Personifikation, Fiktion und Transsubstantiation

Hinsichtlich der Grade oder Stufen der Realität müssen wir unterscheiden zwischen Personifikation, Fiktion und Transsubstantiation.

a) Die Personifikation

Sie ist ein Mittel der sprachlichen, literarischen oder dialektischen Gestaltung. Sie stattet einen Gegenstand mit den Eigenschaften einer Person aus, um diesen Gegenstand zu anderen Gegenständen oder Personen in ein anderes als nur materielles Verhältnis treten zu lassen. Der Gegenstand tritt innerhalb eines bestimmten Bereiches, etwa eines Gedichtes, einer Erzählung oder eines sonstigen sprachlichen Erzeugnisses so auf, als ob er eine Person wäre; aber die Geltung dieser Personifikation reicht nicht über das jeweilige sprachliche Erzeugnis hinaus. Es werden daraus keine Folgerungen gezogen. Die Personifikation ist außerhalb des Erzeugnisses bedeutungslos. Sie ist lediglich ein sprachliches Stilmittel, um etwas, das unpersönlich ist, als persönlich erscheinen zu lassen, z. B. einen Fluß, *Vater Rhein*, einen abstrakten Begriff wie Tugend, die als Göttin personifiziert wird, oder eine Jahreszeit usw. Die Personifikation erzeugt ein Scheinbares, außerhalb der Wirklichkeit Stehendes, eine Scheinwelt. Da aber auch der Mythos personifiziert, ja weil die Personifikation aus dem Mythos stammt, hier aber für das mythische Denken keine Scheinwelt war, der Übergang von mythischem und rationalem Denken ein fließender ist, besteht die Möglichkeit, daß Personifikation sehr leicht in die Stufe des rationalen Denkens einfließt. D. h. ein mythisches Element, ein Element der mythischen Wirklichkeit, tritt als Residualpotenz innerhalb der rationalen Denkstufe auf, wo es eigentlich als sprachliches Mittel nur die Bedeutung einer Scheinwelt haben dürfte, jedoch von dieser Scheinwelt nicht scharf getrennt wird[3].

b) Die Fiktion

Sie ist ebenso wie die Personifikation etwas Erdichtetes, Erdachtes. Fictio juris bedeutet im Recht, besonders im römischen Recht, etwas

---

[3] Über Residualpotenz, vgl. *Nass*, Die Menschheit ist nicht am Ende, Hamburg 1962.

nicht Geschehenes oder nicht Vorhandenes als geschehen oder real zu erachten. Fiktion ist umfassender als Personifikation, außerdem ist bei der Personifikation der Realitätsgrad geringer, weil der Gedanke der Scheinwelt stets im Hintergrunde des Bewußtseins steht.

c) Die Transsubstantiation

Den höchsten Realitätsgrad, in welchem ein Objekt in ein Subjekt, Substanz in Person verwandelt wird, nicht nur als gedacht, sondern wahr, hat die Transsubstantiation. Sie kommt aus der Abendmahlslehre und gilt nicht als Mythos, sondern ist christliches Dogma. Wenn wir noch kurz auf die verschiedene Bedeutung von Dogma hinweisen, nämlich als Meinung, Beschluß, Verordnung, Gebot, Satzung, Lehrsatz, Glaubenssatz, so wird die Beziehung auch des Dogmas zu einem nicht unbedingt und nicht eindeutig Realen, sondern z. T. mehr oder weniger Irrealen deutlich.

Die Integration von Glauben und Wissen ist nicht allein eine dialektische, die sprachliche Mehrdeutigkeit könnte man nötigenfalls noch durch Trennung der Lebens- oder Sachbereiche klären. So würde man etwa den Begriff Rechtsdogma nicht als Rechtsverordnung auffassen, vielmehr als Lehrmeinung, bestenfalls als Lehrsatz, jedoch nicht als Glaubenssatz mit dem Gewicht eines theologischen Dogmas. Aber hier werden wir schon stutzig, denn eben ein solches Gewicht fordert z. B. der Personbegriff des Staates bei Hegel, und Rechtsgebote werden bei Hölder personifiziert, Staat und Rechtsordnung identifiziert.

3. Die Transobjektivation

Der Oberbegriff für Personifikation, Fiktion und Transsubstantiation ist der Begriff des Denkmodells. Dieses ist determiniert durch ein Zweifaches:
1. Durch unsere Denkstrukturen,
2. durch Zeit- und Ortsbedingungen, d. h. Entwicklungszustände.

Ein Beispiel für die Determination des Rechtsdenkens durch Denkstrukturen habe ich an der Entwicklung des Rechtsdenkens von den Anfängen bis zur Gegenwart aufgezeigt[4]. Fiktion, Personifikation und Transsubstantiation gehen leicht ineinander über, eben weil sie Denkmodelle bezeichnen. Sie müssen aber voneinander unterschieden werden. Es gibt noch andere Arten von Denkmodellen; die angeführten aber stehen in so enger Verbindung, daß das Unterscheidende besonders dann, wenn es sich um ähnliche Inhalte handelt, leicht übersehen wird. So kann die Fiktion eines juristischen Begriffs mit einer Personifikation verwech-

---

[4] *Nass*, Der Mensch und die Kriminalität, Bd. II, Grundlagenforschung zur forensischen Psychologie, Köln-Berlin 1961.

3. Die Transobjektivation

selt werden, besonders wenn man diese als Rechtsperson bezeichnet. Die Begriffe Rechtsperson, Staatsperson u. a., also die juristischen Personbegriffe — und das gleiche gilt von dem Begriff Persönlichkeit — verleiten geradezu, einer Verwechselung mit dem Begriff der Personifikation zu unterliegen. Was ist nun aber der juristische Personbegriff tatsächlich? Unbestreitbar ist er ein Denkmodell, das sich allmählich entwickelt hat, wie bereits aufgezeigt wurde. Es ist auch ein für unser praktisches Handeln notwendiger Begriff, deshalb notwendig, weil man mit ihm operieren, etwas vollziehen muß. Er ist die Objektivation eines abstrakten geistigen Inhalts. Eine Genossenschaft hat Realität, ein Staat ebenfalls. Er wird, um dasein zu können, Funktionen ausüben zu können, objektiviert. Mit einem abstrakten Begriff wird eine Transobjektivation vorgenommen, d. i. ein ähnlicher Vorgang wie die Transsubstantiation, aber in umgekehrter Richtung. Während bei der Transsubstantiation Substanz in Geistiges verwandelt wird, geschieht hier so etwas wie eine Verwandlung von Unanschaulichem ins Anschauliche, Abstraktes in Konkretes, Geistiges in Substanzielles. Damit haben wir den Begriff der Fiktion für die juristische Person eliminiert.

Wir stellten fest, daß zur Fiktion das Bewußtsein der Fiktivität gehört. Ein solches wäre mit dem Realitätscharakter der juristischen Person nicht vereinbar.

VI. Die Persönlichkeitsnatur des Staates in der Staatsphilosophie

1. Die Natur des Staates im Altertum und Mittelalter

Nirgendwo ist der Personbegriff so umstritten gewesen wie in den Theorien des Staatsrechts, und nirgendwo begegnet man größerer Ausführlichkeit als dort. Besonders die organische Staatstheorie hat den Personbegriff als Grundlage. Sie beginnt eigentlich schon bei Plato, obgleich bei ihm der Personbegriff hierfür nicht gebraucht wird, jedoch kann man wohl sagen in diesem Sinne, καδάπερ ἕνα ἄνθρωπον, ein Mensch im großen. Die Griechen fassen eben den Staat als die Gesamtheit der Bürger auf. Plato läßt in seinen Nomoi nicht Personen, sondern Gesetze, eine unpersönliche Gewalt also, als Herrscher auftreten. Bei Aristoteles findet sich zwar eine stärkere Betonung der Machtorganisation, aber ein Unterschied zwischen Recht und Obrigkeit besteht noch nicht. Für Aristoteles ist der Staat ein einziges beseeltes Lebewesen. Wenn auch nicht ausdrücklich der Personbegriff gebraucht wird, so liegt dieser doch nahe.

Für die Römer war der Staat ebenfalls nicht abstrakter Begriff. Die vereinigten Bürger bildeten den Staat, und diese vereinigten Bürger waren der populus.

Die für die Staatsrechtslehre später von Bedeutung werdende Fiktionstheorie ist von Papst Innozenz IV. begründet worden. Sie wurde zur Grundlage für die Lehre von der juristischen Person. Rechtsperson war das Kirchenamt. Später erfolgte eine Übertragung des Begriffs auch auf das weltliche Amt. Der Zweck war ein wirtschaftlicher, nämlich die Verselbständigung des Kirchenvermögens. Diesem gleichen diente die Einordnung des Staates in die juristischen Personen, nämlich das Vermögen bzw. die Verbindlichkeiten des Staates zu sichern.

Der Begriff der Korporation ist erst im Mittelalter entwickelt worden. Er hat aber nicht zur Begriffsbildung der Rechtsperson geführt. Wohl galt der König als *Persona publica,* aber dieses nur im Hinblick auf sein im öffentlichen Interesse liegendes Amt. Das ist allerdings eine Formulierung, die schon einen Ansatzpunkt bildet für die Entstehung des Begriffs Rechtsperson und die Auffassung des vom König repräsentierten Staates als Person, aber es ist noch nicht die Auffassung vom Staate als Rechtsperson und mithin auch nicht als Rechtssubjekt.

Der Unterschied zwischen Recht und Obrigkeit besteht noch nicht. Dieser entsteht erst im späteren Mittelalter, in welchem sich eine Obrigkeitsgewalt außerhalb der Gemeinschaftsordnung entwickelt. Die politische Organisation steht im Mittelpunkt des Interesses. Papst und Kaiser sind Personifikationen der geistlichen und weltlichen Gewalt.

2. Die Person des Staates im naturrechtlichen Denken

Das Naturrecht hat zunächst noch keinen Staatsbegriff im Sinne einer selbständigen Person entwickelt, wohl aber hat es den Korporationsbegriff zugrunde gelegt, der mit Personeigenschaften ausgestattet war. Der Staat ist korporativer Verband, und zwar der an der Spitze der Verbände stehende. Man kann bei Althusius schon die Auffassung des Staates als höchste Person annehmen, und tatsächlich findet man diese Auffassung in der Bezeichnung *major consociato* angedeutet. Aber während das Volk einmal als unum corpus, gleichzeitig jedoch als consociata multido bezeichnet wird, verliert der Staatsbegriff doch an Prägnanz. Jedenfalls kann weder bei Althusius noch bei Hugo Grotius von einer durchgängigen Auffassung des Staates als Person die Rede sein. Bei beiden finden wir in der Staatslehre den Gedanken von einer persönlichen Gewalt und persönlichem Recht auf die Gewalt, diese aber nicht überindividuell gedacht, sondern stets als summa potestas des Fürsten oder der Volksgemeinschaft. Volk, welches bei Grotius subjectum commune genannt wird, bedeutet aber nicht etwas Überindividuelles.

Das ist auch in der Staatslehre von Hobbes nicht der Fall. Der Gesellschaftsvertrag ruft bei ihm nicht einmal eine Gemeinschaft hervor, vielmehr schließen die Individuen unter sich eine Übereinkunft ab, daß jeder einzelne dem König Recht und Macht überträgt. Die Volksgemeinschaft wird erst im Zustande der Unterordnung unter die Macht des Königs zu einer solchen.

Hobbes' Staatslehre hat durch die Hereinnahme des Willensbegriffs einen erheblichen Schritt weitergeführt. Der Willensbegriff gehört zu den Komponenten, auf denen der Personbegriff beruht. Mit der Betonung des Willens, *voluntas artificosa*, erhält der Staat reale Personeigenschaften. Er läßt ihn wie eine Person handeln. Für Hobbes ist der Staat der Leviathan, also eine Personeinheit. Nun hat allerdings Hobbes diese Auffassung nicht einheitlich durchgeführt, sondern, indem er die Personeigenschaften nicht der Korporation des Staates, vielmehr nur dem Herrscher übertrug, wurde seine Theorie eine zwiespältige. Man hat darin eine in den damaligen geschichtlichen Verhältnissen liegende Absicht erblickt, um den Absolutismus wissenschaftlich zu begründen. Tatsächlich zieht sich dieser Zwiespalt korporativer Wille — Herrscherwille durch die Staatstheorien der beiden Jahrhunderte, und man kann wohl sagen, daß er bis auf den heutigen Tag nicht ganz überwunden ist.

Es ist das Problem Gesamtwille und Einzelwille, das nun in der Staatslehre ebenso wie in der Genossenschaftslehre in zahlreichen Variationen immer wieder auftritt, je nachdem, von welcher Seite ein Mehr oder ein Weniger des Gesamt- bzw. Einzelwillens betont wird.

Bei John Locke finden wir zwar die Auffassung des Staates als eines einheitlichen Körpers mit einheitlichem Willen, aber der Einheitswille ist insofern durchlöchert, als er auf dem Majoritätsprinzip beruht.

Ähnlich wie Hobbes betont auch Pufendorf den Einheitswillen des Staates; und wenn er auch eine Unterscheidung der Personen in personae physicae und personae morales einführt, zu welch letzteren er den Staat rechnet, so spricht er die Staatsgewalt doch dem Herrscher als Individuum zu, trotz seiner Definition des Staates als persona moralis composita, cuius voluntas ex plurium pactis implicita et unita, pro voluntate omnium habetur[1]. Ursache dieses Durcheinanders sowohl im Naturrecht als auch im Absolutismus ist das Fehlen einer klaren Definition, was man unter Person zu verstehen habe. Leibniz, Thomasius und Christian Wolf haben an der Fortdauer dieser sich als zwiespältig manifestierenden Lehre nichts ändern können.

Durch Rousseau wird die Willensfähigkeit des Staates und damit seine Eigenschaft als Person, und zwar als moralische Person, besonders betont: „un être moral qui a une volonté." Aber auch die Regierung selbst ist eine moralische Person, und so hebt sich der volonté générale wieder auf.

Kant, der in seiner Metaphysik der Sitten seine Rechts- und Staatslehre entwickelte, ließ die Person nicht nur auf dem Recht seines Daseins, dem Recht zur Existenz und seiner Eigenart beruhen, sondern auf der individuellen Freiheit, die er als Vernunft verstanden wissen wollte. Und so wie der Personbegriff bei ihm ausgestattet ist, geschieht es auch mit dem Staat; dieser ist Vernunftwesen, *moralische Person*. Allerdings überwindet auch Kant nicht den Dualismus von Untertanschaft und Herrschaft. Der Souverän und das Volk sind zwar eine Staatsperson, aber zwei verschiedene moralische Personen. Obgleich auf Kant die erste Formulierung des Begriffs Persönlichkeit zurückgeht, ist sein Begriff der Staatsperson keineswegs ein einheitlicher; er ist und bleibt aufgespalten in die genannten zwei; hinzu kommt noch eine neue Auffassung, die mehr als 100 Jahre später in der Staatslehre der Wiener Schule eine große Rolle spielen sollte, nämlich die der Persönlichkeit als eines Subjekts, „dessen Handlung einer Zurechnung fähig ist"[2]. Diese Auffassung hat später Kelsen in sein geometrisches System aufgenommen.

---
[1] *Pufendorf,* De officio, 1, 2 c. 6 § 10.
[2] *Kant,* Einleitung in die Metaphysik der Sitten, IV, S. 26.

Wenn wir auf die bis dahin kurz dargestellte Entwicklung des Personbegriffs in den Staatslehren zurückblicken, so fällt uns auf, wie die juristische Begriffsbildung von den philosophischen Lehrsystemen und zugleich von den Zeitanschauungen determiniert wird. Die Naturrechtslehre war nicht imstande, eine Persönlichkeitstheorie zu entwickeln und konnte daher auch für das Recht keine begriffliche Grundlage schaffen. Die Willenstheorie spielte noch keine Rolle. Wo der Versuch gemacht wird, den Staat als Rechtsperson aufzufassen, scheitert dieser an der politischen Tatsache des absoluten Herrscherwillens; und so finden wir letzten Endes dort, wo man von Staatsperson spricht, in der Praxis eine Aufspaltung in Volkswillen und Herrscherwillen bzw. in mehrere Rechtspersonen. Man hat diesen Zwiespalt durch einen dialektischen Trick zu überbrücken versucht, indem man den Staat nach außen als *eine* Rechtsperson, nach innen dagegen als zwei oder mehrere, nämlich Untertanschaft und Herrscher bzw. Organe der Herrschaft darstellte. Das begann mit Hobbes und wurde weitergeführt und noch unterbaut durch Kant, von den Staatsrechtslehrern des 18. und 19. Jahrhunderts durch Albrecht, von Mohl, Wippermann, Zachariae und Zoepfl. Eine andere Lösung dieser Zweipersonentheorie stellen die im 19. Jahrhundert durch von Rotteck und Welcker vertretenen Theorien dar, in denen sie das Schwergewicht der Betrachtung nicht auf die Person, sondern auf das Rechtsverhältnis verlagerten und den Staat einfach als ein solches auffaßten. Hierin könnte man vielleicht die ersten Anzeichen einer Auffassung erblicken, die Kelsen später entwickelt hat. Mit dieser Schwergewichtsverlagerung hatte man die Person des Monarchen, die bisher allen Theorien von der Person des Staates entgegenstand, eliminiert. Hinzu kam ein Begriff, der ebenfalls die Einheit betonte und hinter dem wiederum der Gedanke des Gesamtwillens stand: die Staatsgewalt. Aber dieser Begriff konnte nicht halten, was er versprach, denn Staatsgewalt gliedert sich auf in Qualitäten, deren Träger nicht anders als eine zentrale Person zu denken war, und das eben war in der damaligen Zeit der Monarch.

3. Die Persönlichkeitsnatur des Staates in der Philosophie der Romantik

Den größten Einfluß auf die Staatsrechtslehre des 19. und 20. Jahrhunderts, insbesondere auf das Persönlichkeitsdogma, hat zweifellos die Philosophie der Romantik ausgeübt. Die Auseinandersetzungen mehrerer Juristengenerationen sind besonders von Hegel ausgelöst. In der Gegenwart ist es um die Persontheorie zwar etwas stiller geworden, was wohl nicht daran liegt, daß die Probleme als gelöst gelten könnten; es macht sich vielmehr ein Mangel an Problemdenken bemerkbar. Man geht, weil die praktischen Fragen schnelle Entscheidungen verlangen, zur Tagesordnung über und begnügt sich mit dem, was andere vor uns gedacht, wenn auch nicht immer zu Ende gedacht haben. Daß aber seit Hegels Tod über 130 Jahre vergangen sind, merkt man an den philosophischen Grundlagen der Jurisprudenz kaum.

Das gesamte Geistesleben des 19. Jahrhunderts, die Jurisprudenz eingeschlossen, ist durch die drei Tübinger Hegel, Schelling und Hölderlin weitgehend geformt worden. Schelling ist der eigentliche Begründer der Philosophie der Romantik. Für ihn ist der Staat ein organisches Wesen, allerdings ein Organ des Absoluten, „der Organismus der Freiheit." Der Staat ist „die höchste Darstellung der Identität des Allgemeinen und Besonderen (Einen und Vielen); denn eine öffentliche Ordnung verbindet hier eine Menge von Partikularwillen." Schelling unterscheidet den antiken und modernen Staat; in ersterem war die Einheit und Vielheit in unmittelbarer Verbindung; die Menge wußte sich als ein Staat, die Einheit des Staates, der Staat selbst, existierten nur in dem Volk. Die Einheit, die herrschte, war identisch mit den vielen, die gehorchten; im modernen Staat ist diese Identität aufgehoben; die Einheit Staat als Monarch, der nicht zugleich Vielheit ist, gegenüber der Vielheit, dem Volk, in welchem sich jeder wieder bloß als einzelner fühlt.

Hegel hat seine Auffassung vom Staat in der Hauptsache in seiner Lehre vom objektiven Geist niedergelegt, sowie in seinen Grundlinien der Philosophie des Rechts und in den Vorlesungen über die Philosophie der Weltgeschichte. Von Grotius bis Kant herrschte in der Ethik die Auffassung vor, daß der Mensch den höheren Willen zu tun und das Richtige zu wählen habe. Was Recht sei, habe er durch Nachdenken zu erkennen. Das Wissen geht also dem Handeln voraus. Bei Hegel ist es umgekehrt: das Wissen folgt dem Handeln, und der Mensch erhält durch Nachdenken die Einsicht in das, was ohnehin geschieht; er begreift, daß das, was geschieht, notwendig ist. So ist, im ganzen gesehen, der Wille nicht frei, und die Persönlichkeit ist nur eine Durchgangsstufe zu dem allgemeinen, dem unpersönlichen Einen, dem Göttlichen. In der Philosophie der Weltgeschichte definiert er:

„Der Staat ist Organismus, d. h. Entwicklung der Idee zu ihren Unterschieden. Diese unterschiedenen Seiten sind so die verschiedenen Gewalten und deren Geschäfte und Wirksamkeiten, wodurch das Allgemeine sich fortwährend auf notwendige Weise hervorbringt und, indem es eben in seiner Produktion vorausgesetzt ist, sich erhält. Dieser Organismus ist die politische Verfassung: sie geht ewig aus dem Staate hervor, wie er sich durch sie erhält; fallen beide auseinander, machen sich die unterschiedenen Seiten frei, so ist die Einheit nicht mehr Gesetz, die sie hervorbringt... Es ist die Natur des Organismus, daß, wenn nicht alle Teile zur Identität übergehen, wenn sich einer als selbständig setzt, alle zugrunde gehen müssen. Mit Prädikaten, Grundsätzen usw. kommt man bei der Beurteilung des Staates nicht fort, der als Organismus gefaßt werden muß... Daß der Zweck des Staates das allgemeine Interesse als solches und darin als ihrer Substanz die Erhaltung der besonderen Interessen ist, ist seine 1. abstrakte Wirklichkeit oder Sub-

3. Die Persönlichkeitsnatur des Staates in der Philosophie der Romantik

stantialität; aber sie ist 2. seine Notwendigkeit, als sie sich in die Begriffsunterschiede seiner Wirksamkeit dirimiert, welche durch jene Substantialität ebenso wirkliche feste Bestimmungen, Gewalten sind; 3. eben diese Substantialität ist aber der als durch die Form der Bildung hindurchgegangene sich wissende und wollende Geist. Der Staat weiß daher, was er will, und weiß es in seiner Allgemeinheit, als Gedachtes; er wirkt und handelt deswegen nach gewußten Zwecken, gekannten Grundsätzen und nach Gesetzen, die es nicht nur an sich, sondern fürs Bewußtsein sind...[3]"

In der Philosophie des Geistes schreibt Hegel:

„Der Staat ist die selbstbewußte sittliche Substanz — die Vereinigung des Prinzips der Familie und der bürgerlichen Gesellschaft; dieselbe Einheit, welche in der Familie als Gefühl der Liebe ist, ist sein Wesen, das aber zugleich durch das zweite Prinzip des wissenden und aus sich tätigen Wollens die Form gewußter Allgemeinheit erhält, welche so wie deren im Wissen sich entwickelnde Bestimmungen die wissende Subjektivität zum Inhalte und absoluten Zwecke hat, d. i. für sich dies Vernünftige will. § 536: Der Staat ist a) zunächst seine innere Gestaltung als sich auf sich beziehende Entwicklung — das innere Staatsrecht oder die Verfassung; er ist b) besonderes Individuum, so im Verhältnis zu anderen besonderen Individuen — das äußere Staatsrecht; c) aber diese besonderen Geister sind nur Momente in der Entwicklung der allgemeinen Idee des Geistes in seiner Wirklichkeit — die Weltgeschichte[4]."

Der Staat bildet für Hegel keinen fertigen Abschluß, vielmehr mündet er ein in den weltgeschichtlichen Prozeß. Der Staat ist die Wirklichkeit der sittlichen *Idee*[5] *(Rechtsphilosophie § 257). Er ist „das sittliche Gesetz, die Verwirklichung der Freiheit"*[6] (Zusatz zu § 258). Das sind eigentlich die Kernsätze, hinter denen der Persönlichkeitsbegriff des Staates steht; denn diese Eigenschaften sind nicht nur Person schlechthin, etwa als Organ und Eigenexistenz, vielmehr wird die Staatsperson, und das ist für uns das eigentlich Neue bei Hegel, zur Staatspersönlichkeit im idealsten Sinne. Deshalb gibt es für Hegel „keine höhere Vernunft, Gewissen Rechtschaffenheit als das, was der Staat für Recht erkennt." Das ist eine Überspannung der Staatsidee, die Hegel nicht durchhalten kann, und so lesen wir denn im dritten Teil der Philosophie des Geistes[7]: „In der Regierung als organischer Totalität ist a) die Subjektivität als die in der Entwicklung des Begriffs unendliche Einheit desselben mit sich selbst, der alles haltende, beschließende Wille des Staats, die höchste Spitze desselben, wie alles durchdringende Einheit, — die fürstliche Regierungsgewalt. In der vollkommenen Form des Staats, in der alle Momente des Begriffs ihre freie Existenz erlangt haben, ist diese Subjektivität nicht eine sogenannte moralische Person, oder ein aus einer Majorität hervorgehendes Beschließen, — Formen, in welchen die Einheit des beschließenden Willens nicht eine wirkliche

---

[3] *Hegel*, Rechtsphilosophie, S. 222.
[4] *Hegel*, Enzyklopädie der philosophischen Wissenschaften, 3. Teil. Philosophie des Geistes, S. 436.
[5] Ders., Rechtsphilosophie § 257.
[6] Ders., Zusatz zu § 258.
[7] Ders., Philosophie des Geistes, 3. Teil 2. Abt. inneres Staatsrecht, § 542.

Existenz hat, — sondern als wirkliche Individualität, Wille eines beschließenden Individuums; — Monarchie. Die monarchische Verfassung ist daher die Verfassung der entwickelten Vernunft; alle anderen Verfassungen gehören niedrigeren Stufen der Entwicklung der Vernunft an."

Die eigentliche Vergottung des Staates scheitert an den politischen Realitäten seiner Epoche. Dennoch soll nicht verschwiegen werden, daß der Begriff der Staatspersönlichkeit Hegels die Geister verwirrt hat. Hermeneutisch ist alles drin, vom Idealstaat bis zur Diktatur.

Wenn in folgendem ein Rechtsphilosoph nach Schelling und Hegel, aber vor den Vertretern der Organtheorie zitiert wird, so geschieht das, weil dieser, Friedrich Julius Stahl, nicht nur, wie Häfelin mit Recht betont, eine Sonderstellung einnimmt, sondern mehr noch zur Persönlichkeitstheorie neue Gedanken beigesteuert hat, die eigentlich bedeutungsvoller sind als seine Ausführungen zur Persönlichkeit des Staates[8]. Denn sein Begriff der Staatspersönlichkeit lehnt sich im Grunde an die Staatstheorie Hegels an, obgleich er gegen Hegel scharf polemisiert: „Schon von Anbeginn von ihrer Unwahrheit lebendig überzeugt, konnte ich doch den Sitz des Irrtums nicht finden[9]." Gegen den Gedanken, er vertrete die Philosophie Schellings und sein Verhältnis zu Schelling sei parallel dem Verhältnis von Gans zu Hegel, verwahrt er sich mit aller Entschiedenheit: „Die irrige Meinung, als sei ich ein Vertreter der neuen Schellingschen Philosophie oder als sei meine Rechtsphilosophie ein Ausfluß derselben, hat ihren Ursprung lediglich darin, daß man von vornherein auf meinen ganzen Standpunkt nicht einging[10]." Es finden sich bei Stahl Formulierungen, die sowohl an Hegel als auch an Schleiermacher erinnern, und Schellings Kampf gegen den Rationalismus hat er entschieden bejaht. Was uns aber Stahl als einen mit psychologischem Scharfsinn befähigten Rechtsphilosophen erkennen läßt, sind seine Ausführungen zur Persönlichkeit:

„Persönlichkeit ist der Zauber der Einheit, den kein Wechsel zerstört, die durch alle möglichen Zustände hindurchgehen kann, und dennoch dabei bleibt, diese Zustände selbst durch die Einheit des Selbstbewußtseins verbindet. Ich kann alles tun und alles werden und höre doch nicht auf, ich zu sein. Das einzige, was ich nicht werden kann, indem ich Ich bleibe, ist Du und Er und Es, das kann ich weder zugleich sein noch nacheinander... Daß wir uns einen Übergang von jedem Zustande in einen anderen, die Veränderung eines Dinges in das andere, aber keinen Übergang von einer Person in die andere denken können, ist der sichere Beweis, daß sie das Subjekt ist, welches allein das Entgegengesetzte verbindet. Sie ist also nicht affizierbar durch den Wechsel der Zustände, sie hat eine Bestimmtheit außer ihnen, die

---

[8] *Häfelin*, Die Rechtspersönlichkeit des Staates, Tübingen 1959.
[9] *Stahl*, Geschichte der Rechtsphilosophie, Vorrede zur 1. Aufl., Heidelberg 1829.
[10] *Stahl*, Geschichte der Rechtsphilosophie, Vorrede zur 1. Aufl., Heidelberg 1829.

3. Die Persönlichkeitsnatur des Staates in der Philosophie der Romantik

immer dieselbe bleibt ... Diese Bestimmtheit, wodurch die Person gerade die Person ist, ist nicht als Eigenschaft zu betrachten; denn Eigenschaft ist eben nur das, was nicht zur Person, zum Subjekte gehört ... Diese Bestimmtheit der Person ist nicht zu definieren, sie läßt sich nicht bloß nicht in Verstandeskategorien auflösen, sondern überhaupt in keine Gleichung bringen, weil nichts außer ihr ihr gleicht, es läßt sich nur auf sie hinweisen; ‚das ist sie!' Durch unsere Persönlichkeit allein ist also die Veränderung unserer Zustände und die Mehrheit der uns zugleich zukommenden Bestimmungen denkbar[11]."

Stahl hat hier zweierlei deutlich herausgestellt, einmal die Tatsache der Einheit der Persönlichkeit, welche die Übergangslosigkeit und Unveränderlichkeit in sich schließt und durch welche die Veränderung unserer Zustände determiniert ist, eine ähnliche Bestimmung, die auch in der modernen theoretischen Physik von Bedeutung ist, zum anderen ist es die Betonung einer zweiten wichtigen Komponente, die für die Entwicklung des Personbegriffs von elementarer Bedeutung ist, nämlich des Ichbewußtseins und des auf ihm basierenden Selbstbewußtseins. Diese Komponente war bei der Analyse des Personbegriffs in der Rechtsphilosophie überhaupt nicht beachtet worden.

„In jedem Akt derselben (der Persönlichkeit), jedem Zustand, jedem Prädikat ist das ganze des Selbstbewußtseins, welches ihre Einheit ist, enthalten ... Persönlichkeit ist das ursprüngliche Ganze, hier ist keine Zerstückelung möglich; es muß in jedem Teil die Einheit nicht bloß als Gedanke und Beziehung, sondern real, nicht ihre Wirkung, sondern sie selbst gegenwärtig sein. Diese Einheit hat also das Selbstbewußtsein, das es als das eine, welches es ist, schon in jedem Teil, in jedem Zustand, in jedem Akt vollständig da ist, und zwar nicht bloß als gedacht, wie der Baum im Blatte, sondern reell; nicht bloß in einer Beziehung, wie der allgemeine Begriff in den einzelnen Dingen, sondern das ganze Dasein derselben erfüllend. Ersteres unterscheidet die innerliche von der äußerlichen, letzteres unterscheidet die lebendige von der formalen Einheit. Der äußerste Gegensatz gegen das Aggregat ist daher die Person. Sie ist das vollendetste System, das Ursystem, und es gibt kein System außer ihr ... Darum kann aber auch nicht die äußerliche Einheit das höchste sein, das Schöne höher als das Gute, der Staat mehr als der Mensch ... Der Staat soll auch eine Einheit sein, er soll äußerlich darstellen, was Gott innerlich ist, die Einheit der Persönlichkeit[12]."

Hier wird wohl recht deutlich, wie Stahl einen Unterschied macht zwischen der Persönlichkeit als höhere Einheit (die höchste Persönlichkeit ist Gott) und der Staatspersönlichkeit als bloßer Rechtskonstruktion. „Die Konstruktion aus dem Begriffe des Rechts führt nur zur formalen Einheit, nicht zu diesem Abbilde des Ursystems." Eine bloße Konstruktion aber kann für ihn nicht über dem Menschen stehen.

---

[11] *Stahl*, a. a. O., S. 494 ff.
[12] *Stahl*, a. a. O., S. 499—501.

VII. Die Staatspersönlichkeit in der Staatsrechtslehre

1. Die Organtheorie

Die Philosophie der Romantik hat ihren Niederschlag in der Staatsrechtslehre gefunden, und zwar in der Organtheorie. Der romantische Zug zum spekulativen Denken läßt Begriffe wie Volksgeist, Weltseele, objektiver Geist entstehen. Diese überindividuellen Wesenheiten werden mit Organen ausgestattet gedacht, die Organe sind denen der Menschen ähnlich. In der Staatsrechtslehre wirkt sich das so aus: Man anthropomorphisiert den Staat. Nach Bluntschli ist der Staat „Verkörperung des männlichen Gesamtwesens"[1]. „Der Staat ist aber ein Gesamtwesen, das einen eigenen Willen hat, und welches Organe besitzt, durch die es den Rechtswillen ausspricht[2]." Was es nun mit diesem Staat auf sich hat, erfahren wir deutlicher, wenn er sagt, daß der Staat kein Naturwesen sei, sondern eine „Kulturperson". Was aber eine Kulturperson ist, sagt er nicht. Nun müssen wir annehmen, daß Bluntschli diesen Begriff aus der Romantik herleitet, wahrscheinlich aus der Auffassung der Kulturen als Organismen. In diesem Sinne hat man ja auch den Begriff Kulturseele geprägt.

Zu einem System ist die Organtheorie durch von Gierke entwickelt worden. Gierke geht von zwei gegensätzlichen Staatsauffassungen in den Beziehungen zwischen Mensch und Staat aus, 1. ist der Mensch für den Staat da. Ich bin nichts, der Staat ist alles, das Allgemeine, er ist Person. Einzelpersönlichkeit wird nur zugestanden in bezug auf die von der staatlichen Sphäre abgegrenzten Verhältnisse der Individuen. Das Recht erstreckt sich im wesentlichen auf die Ordnung der individuellen Verhältnisse. 2. Der Staat ist für den Menschen da. Der Staat ist ein Komplex von Personen und Einrichtungen. Er ist nicht Person, sondern die Summe von Einzelpersonen. Eine Variante der zweiten Auffassung ist diese: aus Zweckmäßigkeitsgründen muß dem Staat die Rolle eines einheitlichen Rechtssubjekts zugeteilt werden. Die Annahme einer juristischen Persönlichkeit des Staates ist „ein bloßer künstlicher Notbehelf, ein Hilfsmittel der Konstruktion, ein abstraktes Gedankending, dem keine Realität entspricht. Sie ist eine lediglich in der Idee vorhandene Einheit, auf welche diejenigen Eigenschaften des Individuums, deren man für die Zwecke der Personifika-

---

[1] *Bluntschli*, Deutsches Privatrecht, Bd. 1, 1853, S. 110.
[2] Ders., in Kritik V. J., I S. 321 ff., 1859.

tion bedarf, übertragen werden. Und so wird tatsächlich auch hier die individualistische Basis nicht aufgegeben, sondern nur neben die natürlichen Individuen ein künstliches Staatsindividuum gesetzt"[3]. Es ist also nicht etwa so, daß Gierke die Staatsauffassung Hegels und der Romantiker ohne weiteres zur Organtheorie entwickelt, aber es zeigt sich doch, daß die Hegelsche Philosophie ihn stark beeinflußt hat, wenn er über die Entstehung des Staates folgendes ausführt:

„Unter die menschlichen Gesellschaftsexistenzen gehört nun insbesondere der Staat. Das Wesen staatlicher Verbindung beruht darin, daß sie die machtvolle Durchführung des allgemeinen Willens zum Inhalt hat. Sie ist die Gemeinschaft des politischen Handelns. Ihre Substanz ist der allgemeine Wille, ihre Erscheinungsform die organisierte Macht, ihre Aufgabe die zweckbewußte Tat ... der einzelne Staat ist keine freie Schöpfung des Individuums, sondern das notwendige Produkt der in den Individuen sich betätigenden gesellschaftlichen Kräfte. Ursprünglich werden und wachsen die Staaten ohne jede Mitwirkung eines bewußt schaffenden Willens, ein naturwüchsiges Erzeugnis des unbewußten Gesellschaftstriebes. Später werden sie zwar absichtlich und planmäßig umgestaltet und können selbst durch einen bewußten Willensakt begründet werden: allein auch dann ist es nicht eine Vereinigung individueller Willen, sondern die schöpferische Tat eines allgemeinen Willens, die den Staat oder die neue Staatsform ins Dasein ruft. Es gibt eben keine Individuen, die schlechthin Individuen wären, keine freien, ungebundenen, voraussetzungslosen Einzelwillen, die durch Selbstbindung und Selbstentäußerung aus der Summe ihrer Individualitäten heraus den staatlichen Willen produzieren könnten. Vielmehr wären auch die für den Augenblick staatlosen Menschen, die man sich als Gründer eines Staates vorstellen wollte, in ihrem Denken und Wollen stets staatlich gebunden und entbehrten nur momentan der äußeren Verwirklichung staatlichen Seins. Weder der Begriff des Staats noch der Entschluß zu seiner Realisierung hätten also ihre Wurzeln im individuellen Geist; es käme auch hier der agierende Einzelwille nicht als solcher, sondern als Faktor des allgemeinen Willens in Betracht; es läge keine Willenseinigung vieler Individuen, sondern ein einheitlicher Akt des in den vielen Individuen lebendigen und nur für den Augenblick formlosen Allgemeinwillens vor, der sein eigenes Dasein bejaht und die Form desselben erschafft. Was ferner das Wesen des Staates im allgemeinen betrifft, so müssen wir nach dem Gesagten ihm eine eigene reale Wesenheit zuschreiben. Er erscheint uns als ein menschlicher Gesellschaftsorganismus mit einem von dem Leben seiner Glieder verschiedenen einheitlichen Gesamtleben. Allerdings besteht er, weil er Allgemeinheit ist, aus anderen in sich eine Besonderheit bildenden Wesenheiten; er setzt sich als ein gesellschaftlicher Organismus aus vielen teils einfachen, teils wiederum gesellschaftlichen Organismen, aus Menschen und engeren Verbänden, zusammen; sein Leben kommt in der Lebenstätigkeit von Gliedern und Organen, die zugleich eine Sonderexistenz führen, zur Erscheinung. Allein er ist trotzdem eine reale Einheit, weil die sämtlichen Sonderexistenzen insoweit, als sie Elemente des Staates sind, sich nach der Idee des Staatsganzen gruppieren, gliedern und verbinden, und den Inhalt ihres Daseins nicht in sich selbst, sondern in der Bestimmung für das höhere Gesamtleben finden. Wollte man die Einheit des Staates um ihrer zusam-

---

[3] *v. Gierke*, Die Grundbegriffe des Staatsrechts und die neuesten Staatsrechtstheorien, Zeitschrift für die gesamte Staatswissenschaft, Bd. 30, Jg. 1874, Tübingen 1874.

mengesetzten Natur willen regieren, so wäre dies nur in demselben Geist und Sinne möglich, in dem man dann überhaupt schlechthin nur die Atome als Einheiten und die Welt als bloße vielheitliche Summe solcher Einheiten betrachten müßte! Weil aber die menschliche Existenz nicht im Gattungsleben aufgeht, sondern zugleich sich selbst Zweck ist, so müssen wir auch dem Staat gegenüber das Individuum als eine originäre, für sich seiende, ihren Zweck in sich selbst tragende Wesenheit anerkennen. Nur mit einem Teile seines Wesens also gehört der einzelne Mensch dem Staate als Glied an: der übrige Inhalt seines Wesens wird von dem staatlichen Gemeinleben unberührt gelassen und bildet den Stoff seiner freien Individualität. So stehen staatliches und individuelles Sein als zwei selbständige Lebensgebiete nebeneinander, von denen freilich keines ohne das andere sein kann und jedes auf das andere als seine Ergänzung hinweist, die aber dessenungeachtet beide ihren nächsten Zweck in sich selbst haben."

Von hier aus ist es dann nur noch ein kleiner Schritt zu folgenden Spekulationen:

„Die Personengesamtheit nun aber bildet den Staatskörper nicht als eine Summe unter sich gleicher Atome, sondern sie bildet ihn, wie sich dies bei den meisten Körperschaften wiederholt, in einer bestimmten staatsrechtlichen Gliederung. Diese Gliederung fehlt in keinem Staate ganz, kann aber sehr verschieden gestaltet sein ... Dagegen ist es mit der Auffassung des Staates als eines im ganzen Volke lebendigen Organismus sehr wohl vereinbar, daß die öffentliche Rechtsordnung unter allen Staatsgliedern einem oder auch einer Mehrheit eine sehr überwiegende Stellung im Staatskörper zuweist."

Um nun auch die psychische Einheit des mit dem Begriff Person zu bezeichnenden Rechtssubjekts des Staates (das gilt auch für die Körperschaft) darzustellen, wird der Begriff Substrat eingeführt. Das Substrat ist das mit sich selbst identische Element der Gesamtpersönlichkeit. Es ist gleichzeitig Personenvielheit. Sodann ist eine Formulierung Gierkes interessant, die er im Anschluß an seine Entwicklung des Begriffs der Staatspersönlichkeit bringt; ein neuer Gedanke taucht nämlich bei ihm auf, der uns viel später bei Othmar Spann begegnet.

„Das Staatsrecht hebt daher in der Staatspersönlichkeit, das Körperschaftsrecht in der Körperschaftspersönlichkeit aus dem Wesen des Staates oder der Körperschaft diejenigen Eigenschaften heraus, welche ihre Persönlichkeit zur Gesamtpersönlichkeit machen. Als die einer Personengesamtheit immanente Einheit, als ein aus selbständigen Einzelwesen zusammengesetztes Gesamtwesen, als das in einer Vielheit lebendige Ganze ist der Staat, ist die Körperschaft öffentlich-rechtliche Person. An den einzelnen umgekehrt oder an Teilverbänden im Verhältnis zum Gesamtverbande hebt das öffentliche Recht diejenigen Eigenschaften hervor, welche ihre Persönlichkeit zur Gliedpersönlichkeit in einer Gesamtpersönlichkeit machen[5]."

Es ist der Begriff der Gliedpersönlichkeit, der uns bei Spann und bei späteren Soziologen in Modellvorstellungen wie Gliedhaftigkeit und Ausgliederung begegnet.

---

[4] *v. Gierke*, a. a. O., S. 304 ff.
[5] *v. Gierke*, a. a. O., S. 321.

2. Der Begriff der Staatspersönlichkeit in der anorganischen Theorie

Die organische Staatslehre verlor mit dem Aufkommen der Neukantianer, besonders der Marburger Schule, zusehends an Boden. Der Persönlichkeitsbegriff der anorganischen Staatslehre ist in dem Bestreben derselben, ein Begriffsystem als ein rein juristisches aufzustellen, das also von anderen Disziplinen völlig losgelöst war, als Rechtsbegriff, und nur als solcher bestehend, entwickelt worden. Hier sind als bedeutendste Forscher, die zum Begriff der Staatspersönlichkeit neue Gedanken beigetragen haben, von Gerber, Laband und Jellinek zu nennen. Gerber betrachtet den Begriff der Persönlichkeit des Staates als Angelpunkt des ganzen Staatsrechts. Die Auffassung des Staates als Organismus hält er für eine theoretische Verirrung. Seydel, wie Gerber ein Gegner der Organtheorie, fordert, daß die Fiktionen verschwinden müssen, z. B. die des Volksgeistes. Ihm ist der Staat kein Organismus, keine Persönlichkeit. Staat nennen wir vielmehr „Land und Leute, welche ein höchster Wille beherrscht"[6]. Es gäbe keinen Willen des Staates, sondern nur Willen über den Staat. Wille und Persönlichkeit habe nur der einzelne Mensch. Staatlichen Willen und staatliche Persönlichkeit vermögen nur Menschen zu haben, der Staat fordert deshalb einen persönlichen Herrscher. Der Herrscherwille sei menschlicher Einzelwille. Diese Auffassung Seydels hat Gierke kritisiert, aber doch nicht überzeugend widerlegt, wenn er schreibt:

„Wir verstehen unter Staat das höchste und umfassendste unter den sinnlich nicht wahrnehmbaren und doch mit geistigen Mitteln als wirklich erkennbaren Gemeinwesen, welche die menschliche Gattungsexistenz über der Individualexistenz offenbaren. Dieses Gemeinwesen ist uns die dauernde, lebendig wollende und handelnde Einheit, zu welcher ein ganzes Volk sich zusammenschließt. Jeder einzelne und jede Summe von einzelnen erscheinen uns insoweit, als es sich um ihre Stellung im staatlichen Gemeinwesen handelt, nicht als abgeschlossene Individualexistenzen, sondern als Glieder einer Gesamtexistenz; sie haben eben insofern an einer höheren Daseinsordnung teil, die sich über der Lebensordnung der einzelnen erhebt. Auch der Herrscher daher ist uns vielleicht das wichtigste, das allein über die Bewegung des Ganzen entscheidende Glied des Gemeinwesens, aber er ist eben nur ein Teil des Ganzen und daher für sich allein kein Ganzes; wir mögen ihn mit dem Haupt eines Körpers vergleichen, aber wir müssen uns bewußt bleiben, daß das Haupt ohne den Körper keine Individualität ausmacht. Diesen unseren Anschauungen nun entspricht in juristischer Beziehung die Lehre von der Persönlichkeit des Staats. Das Gemeinwesen als solches ist uns das oberste Subjekt im öffentlichen Recht; der Herrscher ist uns nur das vornehmste Glied und herrschende Organ der mit ihm sich keineswegs deckenden Staatspersönlichkeit."

---

[6] *Seydel*, Grundzüge einer allgemeinen Staatslehre, Würzburg 1873.
[7] *v. Gierke*, a. a. O., S. 175.

VII. Die Staatspersönlichkeit in der Staatsrechtslehre

In seinem zweiten Teil dieser Auseinandersetzung begründet Gierke die Notwendigkeit seiner Analysen recht eindringlich:

„Haben wir denn nicht unzählige abstrakte Begriffe, die noch die Spuren ihres bildlichen Ursprungs an sich tragen, während uns heute vielleicht das ehemals richtige empfundene Bild als schief erscheint? Ist es nicht in jeder Wissenschaft etwas Alltägliches, daß für einen neu auftauchenden Gedanken der adäquate Ausdruck fehlt, daß man nach einem mehr oder minder passenden Vergleich oder Bilde greift, und daß erst im Laufe der Zeit der neue wissenschaftliche Sprachgebrauch mehr und mehr das Bildliche abstreift, sich technisch ausprägt und nunmehr sich vollkommen mit dem darunter verborgenen Gedanken deckt? Sollen wir Wort und Begriff der Korporation oder Körperschaft streichen, weil die Eigenschaft des Körperlichen sich von einer Korporation im heutigen Sinne kaum aussagen läßt? In Wirklichkeit liegt doch die Sache auch hier nicht anders. Tieferes Nachdenken über das Wesen des Staates führte zu der Idee, daß der Staat eine zusammengesetzte Einheit sei, deren eigentümliches Leben mit dem Leben keines ihrer Teile zusammenfalle. Diese Idee ergab eine neue und eigentümliche Auffassung aller bisher von den übrigen Rechtsverhältnissen nicht unterschiedenen staatlichen Verhältnisse. Man mußte eine unsichtbare Existenz, die sich mit keinem Menschen und mit keiner Summe von Menschen deckte, als ein reales Wesen vorstellen und als Subjekt in das Recht einführen; man mußte den einzelnen Menschen in seinen staatlichen Beziehungen nicht wie sonst als ein in sich abgeschlossenes Ganzes, sondern als Teil eines Ganzen denken; man mußte bestimmte Teile oder Teilkomplexe des Ganzen als Träger verschiedener Lebenstätigkeiten, in deren jeder doch die Einheit des Ganzen sich wirksam zeigte, auffassen; man mußte es als Aufgabe des öffentlichen Rechtes begreifen, im Gegensatz zu dem zwischen koordinierten Individuen vermittelnden Privatrecht das innere Leben einer zusammengesetzten Einheit, die Beziehungen zwischen einem Ganzen und seinen Teilen zu normieren. Für diese ganze Gedankenreihe mit allen ihren Konsequenzen fehlte es nun durchaus an einem wissenschaftlichen Ausdruck. Und doch mußte vor allem ein bezeichnendes und weithin verständliches Wort gefunden werden, um aus jenen Gedanken feste und technische Begriffe zu gestalten. Fast unwillkürlich wurde man in dieser Lage zu dem Vergleiche des Staates mit den natürlichen Lebenseinheiten, insbesondere mit dem Menschen, der ja in seiner leiblichen wie geistigen Existenz auch ein zusammengesetztes und trotzdem einheitliches Wesen ist, hingeführt[8]."

Bei Laband wird die Staatspersönlichkeit zur Rechtspersönlichkeit und als solche eine absolute Größe, die unteilbar ist. Jellinek hat den Begriff der Staatspersönlichkeit aus den Rechtsbeziehungen entwickelt und damit einen rein juristischen Begriff gewonnen. Die Staatspersönlichkeit ist für ihn ein rechtliches Phänomen, eine Abstraktion. Jellinek hat seinen Einwand gegen die Organtheorie u. a. auch methodisch begründet, und dieser Einwand scheint mir nicht nur überzeugend, sondern auch erstmalig, wenn er ausführt: „Je nach dem Gesichtspunkt, unter dem es betrachtet wird, ist auch die Erkenntnis des Objekts eine andere, und es ist sogar ein schwerer methodologischer Fehler,

---

[8] *v. Gierke*, a. a. O., S. 281 ff.

3. Die Staatspersönlichkeit in der Reinen Rechtslehre

Kelsen, ein Anhänger der Marburger Schule der Neukantianer, war bestrebt, wie Kant alles Erkennen auf Grundbegriffe, die vor der Erfahrung sind, zurückführte, in der Rechtswissenschaft die Denkbeziehungen an den Anfang zu stellen, und ferner das reine Recht von allen fremden Elementen, wie besonders durch den Einfluß der Soziologie geschehen, zu befreien. Mit der Reinen Rechtslehre will er eine Geometrie der Rechtserscheinungen geben. „Als Gegenstand der Rechtswissenschaft ist dann das Recht ebenso ein System von Urteilen über das Recht, wie die Natur als Gegenstand der Naturwissenschaft ein System von Urteilen über die Natur." Angeregt durch Cassirer, den er öfter zitiert, will er ähnlich wie die Naturwissenschaft Schemata entwerfen.

„Statt hinter der Welt der Perzeptionen ein neues Dasein zu errichten, das doch immer nur aus den Materialien der Empfindung aufgebaut sein könnte, begnügt sie sich damit, die allgemeingültigen intellektuellen Schemata zu entwerfen, in welchen die Beziehungen und Zusammenhänge der Perzeptionen sich vollständig darstellen lassen müssen. Atom, Äther, Masse und Kraft sind nichts anderes als Beispiele derartiger Schemata, die ihre Aufgabe um so genauer erfüllen, je weniger sie in sich selbst von direktem Wahrnehmungsgehalt bewahrt haben ... Die Ordnungsbegriffe der mathematischen Physik haben keinen anderen Sinn und keine andere Funktion, als dem vollkommenen gedanklichen Überblick über die Beziehungen des empirischen Seins zu dienen. Wird dieser Zusammenhang zerrissen, so entsteht eine doppelte Antinomie. Hinter der Welt unserer Erfahrungen erhebt sich ein Reich absoluter Substanzen, die, selbst eine Art von Dingen, dennoch allen Erkenntnismitteln, mit denen wir sonst die Dinge der Erfahrung erfassen, unzugänglich bleiben ... Auf der anderen Seite wird es unbegreiflich, wie wir mit unseren physikalischen Begriffen, die lediglich durch ein Überschreiten des Vorstellungssystems entstanden sind, zu eben diesem System wieder zurückkehren, wie wir hoffen können, es auf Grund von Gedanken zu beherrschen, die im bewußten Widerspruch zu seinem eigentlichen Inhalt geschaffen worden sind. Das gilt — mutatis mutandis — durchaus für die Antinomien, in die sich die Rechtswissenschaft durch den Staatsbegriff verstrickt hat. Auch der Staat ist als das die Einheit des Rechtes verbürgende Prinzip — im Verhältnis zu diesem nichts Reales, d. h. nicht von der spezifischen (von der Realität der Natur verschiedenen!) Realität des Rechtes als eines geordneten Ganzen; er ist eine bloße — die Einheit und sohin Realität des Rechts — ermöglichende Kategorie, eine gedankliche Schöpfung. Auch hier entsteht eine unlösbare Antinomie, wenn mann, was nur gedanklich zur Bearbeitung, Beherrschung, Ordnung der Rechtswirklichkeit bestimmt ist, als solche Wirklichkeit selbst setzt. Auch die juristische Erkenntnis bedarf eigentlich einer derartigen Verdoppelung nicht. Statt hinter der Welt des

---

⁹ *Jellinek*, System der subjektiven öffentlichen Rechte, 2. Aufl., Tübingen 1919.

Rechtes ein neues Dasein zu errichten, das doch immer nur aus den Materialien des Rechtes aufgebaut sein könnte, soll und wird sie sich damit begnügen, allgemeingültige intellektuelle Schemata zu entwerfen, in welchen die Beziehungen und Zusammenhänge des Rechtes sich vollständig darstellen lassen müssen. Der Staat — sofern er nicht geradezu mit dem Recht als Ident begriffen wird — ist ein Beispiel eines solchen Schemas, das seine Aufgabe um so besser erfüllen wird, je weniger es in sich vom Rechtsinhalt bewahrt hat. Die Ordnungsbegriffe des Rechtes, insbesondere auch der so als spezieller Ordnungsbegriff verstandene Staat, haben dann keinen anderen Sinn und keine andere Funktion, als dem vollkommenen gedanklichen Überblick über die Beziehungen des Rechtes — oder der Rechtserfahrung, wie man dann in Analogie zur Naturwissenschaft sagen kann — zu dienen[10]."

Die Staatspersönlichkeit stellt für ihn also ein intellektuelles Schema dar. Ordnungsbegriffe, Schemata, das sind Denkkategorien; wir würden heute Modellbegriffe sagen. Von diesen gilt, daß sie nur so lange Gültigkeit haben, bis sie von anderen abgelöst werden, neue Denkmodelle erfunden werden, die zu einem neuen Weltbild besser passen und die uns eine bessere, tiefere und daher relativ gültige Weltsicht ermöglichen. Kelsens Griff nach den Denkkategorien läßt ein von den Begriffen anderer Disziplinen streng isoliertes Schema von Begriffen entstehen. Das geht so weit, daß er die psychischen Willenstatbestände der Rechtspersönlichkeit des Staates nicht mehr psychologisch, sondern normativ verstanden wissen will. Juristischer Wille ist nicht gleichzusetzen mit dem, was die Psychologie unter Wille versteht.

„Nun wäre es vielleicht möglich, um den Staatswillen als psychischen Akt nachzuweisen, ihn, wenn schon nicht als Gesamtwillen des Volkes, so doch als dem psychischen Willen der mit der Bildung des Staatswillens rechtlich betrauten Personen aufzuzeigen, und zwar, falls dies eine Mehrheit ist, als Gesamtwillen dieser Gemeinschaft, falls nur ein einzelner den Staatswillen erzeugt, etwa in der absoluten Monarchie als Individualwillen des Monarchen. Doch auch diese Versuche müssen mißlingen. Wird der Staatswille durch das Zusammenwirken von Parlamentsmajorität und Monarchen geschaffen, so ist klar, daß der Inhalt der einzelnen Willensakte der bei der Gesetzgebung tätigen Personen ein ganz anderer ist, als der des im Gesetze ausgedrückten Staatswillens. Ganz abgesehen sei von der Tatsache, daß ein Majoritätsbeschluß psychologisch nicht als Gesamtwille der ganzen abstimmenden Körperschaft betrachtet werden kann, da eine gemeinsame Willensrichtung nur bei der Majorität angenommen werden könnte. Den Majoritätsbeschluß als Willen der Gesamtheit gelten zu lassen, ist ein spezifisch juristischer, psychologisch unmöglicher Vorgang. Doch faßt man auch nur den psychischen Willen der zustimmenden Parlamentsmitglieder ins Auge, dann zeigt sich, daß dieser zunächst keinen anderen Inhalt hat, als den, eine zustimmende Erklärung abzugeben, die Hand zu erheben, ja zu rufen etc. Die Zwecke, die mit solchen Willenshandlungen verbunden sein mögen, können schon sehr verschieden sein und entziehen sich eigentlich jeder Kontrolle. Allein man setze selbst den als normal geltenden Fall, die bejahende Abstimmungsäußerung sei erfolgt, damit der Gesetzesvorschlag die Majorität erhalte und Ge-

---

[10] *Kelsen,* Der soziologische und der juristische Staatsbegriff, Tübingen 1922, S. 213 —215.

setz werde. Der Wille, daß ein Vorschlag Gesetz werde, ist doch ein wesentlich anderer als der im Gesetz selbst ausgedrückte! Vor allem sei darauf hingewiesen, daß der abstimmende Parlamentarier in vielen, ja in meisten Fällen den Inhalt des Gesetzesvorschlages — und das ist der Inhalt des künftigen Staatswillens — gar nicht kennt; meist tut es nur der Referent und die Mitglieder der engeren Kommission, welcher der Gesetzesvorschlag zur Vorberatung zugewiesen ist. Jedenfalls ist der Inhalt der oft sehr umfangreichen und komplizierten Gesetze beim Abstimmungsakte nicht im Bewußtsein des Stimmenden gegenwärtig. Psychologisch kann aber nichts gewollt sein, was nicht vorgestellt ist[11]."

„Der Grund dafür, daß man vom psychologischen Willen durchaus nicht aussagen kann, was man vom juristischen aussagen muß, liegt darin, daß der Wille im juristischen Sinne etwas ganz anderes ist, als der Wille der Psychologie. Die Identität der Worte bedeutet durchaus keine Identität der Objekte. Der Wille der Jurisprudenz beinhaltet keinen real-psychischen Akt in der Welt der objektiven Tatsachen, was der Fall sein müßte, wenn dieser Begriff im Wege einer Abstraktion auf Grund qualitativ verschiedener psychischer Willensakte gebildet wäre, sondern er ist eine Konstruktion, d. h. die Abstraktion dieses Begriffes vollzieht sich auf Grund von bestimmten Gedankenprozessen, und zwar Urteilen innerhalb der subjektiven Welt des Abstrahierenden selbst[12]."

Die juristische Terminologie ist Ausdruck von juristischen Beziehungen, nicht realen Tatsachen. Ein juristischer Ausdruck „kann nur der **Ausdruck einer juristischen Tatsache sein, und der Ausdruck einer soziologischen Tatsache kann nur ein Rechtsbegriff darstellen. Und dieser Fehler ist durchaus jenem analog, der darin besteht, die Rechtspersönlichkeit des Individuums auf dem psychischen Akt des Individualwillens aufzubauen"[13].

Die Anthropomorphisierung der Staatsperson lehnt er ab. Mit einer Psychologisierung will er ebenfalls nichts zu tun haben. Die Staatsperson ist normativer Wille. Das läßt erkennen, daß bei Kelsen der juristische Willensbegriff etwas ganz anderes bedeutet, nämlich ein Sollen, und die Staatspersönlichkeit verkörpert dieses Sollen. Sie ist „die Gesamtpersönlichkeit des Rechts". Alle Rechtsbeziehungen leiten sich von der Universalperson des Staates her. Kelsens Personbegriff ist so völlig isoliert, ein rein juristischer, losgelöst von allen Beziehungen psychologischer und soziologischer Art, daß es gar nicht zu irgendwelchen Auseinandersetzungen mit Denkproblemen, die durch den fiktiven Personbegriff entstehen, kommen kann. Er unterscheidet zwar physische und juristische Personen. Oberbegriff ist das Rechtssubjekt, das ist der Träger von Rechten und Pflichten. Ist der Mensch Träger von Rechten und Pflichten, so spricht man von physischer Person, sind andere Wesenheiten Träger von Rechten und Rechtspflichten, so spricht man von juristischer Person. Die physische Person ist eine natürliche, die

---

[11] *Kelsen*, Hauptprobleme, S. 169 ff.
[12] Ders., Hauptprobleme, S. 182 ff.
[13] Ders., Hauptprobleme, S. 169.

juristische eine künstliche, eine von der Rechtswissenschaft konstruierte. Aber dieser Unterschied besteht für Kelsen nicht zu Recht, und zwar im Gegensatz zu denen, welche auch die juristische Person als real nachweisen wollen, denn:

„Die Einheit von Pflichten und subjektiven Rechten, d. h. die Einheit der hier in Betracht kommenden Rechtsnormen, die eine physische Person bilden, ist damit gegeben, daß es das Verhalten eines und desselben Menschen ist, das den Inhalt dieser Pflichten und Rechte bildet, daß es das Verhalten eines und desselben Menschen ist, das durch diese Rechtsnorm bestimmt ist. Die sogenannte physische Person ist somit nicht ein Mensch, sondern die personifizierte Einheit der ein und denselben Menschen verpflichtenden und ermächtigenden Rechtsnormen. Es ist nicht eine natürliche Realität, sondern eine juristische, von der Rechtswissenschaft geschaffene Konstruktion, ein Hilfsbegriff in der Darstellung rechtlich relevanter Tatbestände. In diesem Sinne ist die sogenannte physische Person eine juristische Person[14]."

Der Begriff der juristischen Person ist für Kelsen ein Hilfsbegriff der Rechtswissenschaft.

„Das Ergebnis der vorhergehenden Analyse der juristischen Personen ist, daß diese ebenso wie die sogenannte physische Person eine Konstruktion der Rechtswissenschaft ist. Als solche ist sie ebensowenig eine soziale Realität wie — was allerdings mitunter angenommen wird — eine Schöpfung des Rechtes. Wenn man sagt, die Rechtsordnung verleihe einem Menschen Rechtspersönlichkeit, bedeutet das nur, daß die Rechtsordnung das Verhalten eines Menschen zum Inhalt von Pflichten und Rechten macht. Es ist die Rechtswissenschaft, die die Einheit dieser Pflichten und Rechte in dem von dem Begriff des Menschen verschiedenen Begriff der physischen Person zum Ausdruck bringt, dessen man sich des Rechts als eines Hilfsbegriffes bedienen kann, aber nicht bedienen muß, da die von der Rechtsordnung geschaffene Sachlage auch ohne Zuhilfenahme dieses Begriffs gesehen werden kann. Wenn man sagt, die Rechtsordnung verleihe einer Körperschaft juristische Persönlichkeit, so bedeutet das, daß die Rechtsordnung Pflichten und Rechte statuiert, die das Verhalten von Menschen zum Inhalt haben, die Organe und Mitglieder der durch ein Statut konstituierten Körperschaft sind, und daß dieser komplizierte Sachverhalt vorteilhaft, weil in verhältnismäßig einfacher Weise, mit Zuhilfenahme einer Personifikation des die Körperschaft konstituierenden Statutes beschrieben werden kann. Aber diese Personifikation und ihr Ergebnis, der Hilfsbegriff der juristischen Person, ist ein Produkt der das Recht beschreibenden Wissenschaft, nicht des Rechts."

Es ist für Kelsen deshalb gleichgültig, „ob das Substrat der Person ein Mensch ist oder eine Mehrheit von solchen." Das materielle Element des Substrates ist für die Formel juristische Person irrelevant. Kelsen hebt die Souveränität der Rechtsordnung in der Anerkennung von Pflichtobjekten und die Unabhängigkeit des Begriffs der Persönlichkeit von dem des Menschen hervor. Das zeige sich darin, „daß viele Rechtsordnungen durchaus nicht alle Menschen als Personen anerkennen — die rechtliche Sach-Natur der Sklaven — sondern insbesondere auch dar-

---

[14] *Kelsen*, Reine Rechtslehre, 2. Aufl., Wien 1960, S. 178.
[15] *Kelsen*, Reine Rechtslehre, S. 193 ff.
[16] Ders., Hauptprobleme, S. 520.

3. Die Staatspersönlichkeit in der Reinen Rechtslehre

in, daß es auch abgesehen vom Staate Rechtssubjekte gibt, die durchaus nicht Menschen sind, die sogenannten juristischen Personen. Obgleich nun die Tatsache der juristischen Personen allgemein anerkannt ist, so wird doch ihr Wesen meist insofern verkannt, als man — in der irrigen Anschauung befangen, Rechtspersönlichkeit sei nur eine Qualität des Menschen — auch die juristischen Personen irgendwie mit Menschen in Verbindung bringen zu müssen meint. Die Rechtspersönlichkeit einer Korporation oder Anstalt hat aber mit dem Menschen dieser Korporation oder Anstalt gar nichts zu tun. Person ist immer ein juristischer Konstruktionspunkt — eine ideelle, nie eine materielle Tatsache"[17].

Kelsen hat niemals den fiktiven Charakter des Personenbegriffs in bezug auf Staat und Körperschaft aus dem Auge verloren, ebenso hält er sich streng an die Tatsache der Hilfskonstruktion, wenn er vom Staate als handelndes Objekt ausführt:

„Die Frage, ob ein bestimmtes Verhalten, insbesondere ein bestimmter Akt, eine bestimmte Funktion das Verhalten des Staates, ein Staatsakt oder eine Staatsfunktion ist, d. h.: ob es der Staat ist, der hier als Person einen Akt setzt, eine Funktion leistet, ist nicht eine auf die Existenz einer Tatsache gerichtete Frage, so wie die Frage, ob ein bestimmter Mensch eine bestimmte Handlung vorgenommen hat. Wenn die Frage diesen Sinn hätte, könnte sie niemals eine affirmative Antwort erhalten. Denn tatsächlich ist es niemals der Staat, sondern immer nur ein bestimmter Mensch, der handelt, der einen bestimmten Akt setzt, eine bestimmte Funktion leistet. Nur wenn man den Staat als handelnde Person als eine von dem Menschen verschiedene Realität, als eine Art Übermenschen vorstellt, d. h. die Hilfskonstruktion der Person hypostasiert, kann die Frage, ob ein Staatsakt, eine Staatsfunktion vorliegt, den Sinn einer auf die Existenz einer Tatsache gerichteten Frage haben, kann die Antwort auf die Frage sein, daß ein bestimmter Akt oder eine bestimmte Funktion ein Staatsakt oder eine Staatsfunktion ist oder nicht ist. In diesem Sinne wurde z. B. in der staatsrechtlichen Literatur die Frage erörtert, ob Gesetzgebung eine Staatsfunktion ist, und bald im bejahenden bald im verneinenden Sinne beantwortet. Da aber der Staat als handelnde Person keine Realität, sondern eine Hilfskonstruktion juristischen Denkens ist, kann die Frage, ob eine Funktion Staatsfunktion ist, nicht auf die Existenz einer Tatsache gerichtet sein. Ist sie in diesem Sinne gestellt und beantwortet, ist sie falsch gestellt und falsch beantwortet. Richtig gestellt kann ihr Sinn nur sein, ob und unter welchen Bedingungen eine von einem bestimmten Menschen geleistete Funktion dem Staate zugeschrieben werden kann[18]."

Immer wieder weist Kelsen darauf hin, daß es Konstruktionen der Rechtswissenschaft sind, die lediglich als Hilfsbegriffe aufzufassen sind. „Die Mißdeutung der anthropomorphen Metapher als reales Wesen, als eine Art Übermensch oder Organismus ist die unzulässige Hypostasierung eines Denkbehelfs oder Hilfsbegriffs, der zum Zweck der Verein-

---

[17] *Kelsen*, Hauptprobleme, S. 519 ff.
[18] *Kelsen*, Reine Rechtslehre, S. 294.

fachung und Veranschaulichung der Darstellung eines komplizierten rechtlichen Sachverhalts von der Rechtswissenschaft konstruiert ist[19]." Halten wir abschließend fest, daß wir es bei Kelsens Personbegriff mit einem nur juristischen, und zwar mit einem normativen Begriff zu tun haben.

---

[19] *Kelsen*, a. a. O., S. 102.

VIII. Der Einfluß der Soziologie und der Wertphilosophie auf die Persönlichkeitstheorie in der Jurisprudenz

1. Der soziologische Personbegriff

Wir haben den Personbegriff der organischen und der anorganischen Staatstheorie und der Reinen Rechtslehre kennengelernt. Nun hat gegen Ende des 19. Jahrhunderts mit dem Aufkommen der Soziologie die soziologische Staatstheorie einen eigenen Personbegriff entwickelt, der von der Psychologie, insbesondere von der Sozialpsychologie her beeinflußt war. Mit ihm hat sich besonders Kelsen auseinandergesetzt. Was uns hier besonders interessiert, ist die Tatsache, daß die Soziologen in erster Linie mit einem überindividuellen Personbegriff arbeiten. Für sie stehen die sozialen Phänomene im Mittelpunkt der Forschung. Die sozialen Phänomene stellen sich uns als Macht, als Erzeugnisse der Gemeinschaft dar. Sie sind außer uns und über uns, und dieses Über-uns-Sein weist auf den überpersönlichen Charakter dieser Gebilde hin. Dabei sind die meisten Soziologen weit davon entfernt, das Überpersönliche als eine über den Individuen stehende Persönlichkeit aufzufassen. Diese gilt nur als Veranschaulichungsmittel, also nicht etwa im Sinne der Organtheorie, vielmehr als eine Denkkonstruktion. Allerdings begegnen uns in der Geschichte der Soziologie ähnlich wie in der Dogmengeschichte der Staatspersönlichkeit verschiedene Auffassungen, das Überpersönliche als Substrat, als Personifikation, als Konstruktion und als Realität gedacht, wobei die letztere wohl die meisten Vertreter hat und sich in der Gegenwart behauptet. Häufig finden sich auch Übergänge, und man weiß oft nicht recht, ist es nun realiter oder idealiter gemeint. Othmar Spann unterscheidet das metaphysische und das gesellschaftliche Überdir. „Nicht jeder einzelne hat ein Über-dir je für sich, ein besonderes Über-dir. Dasselbe Über-dir ist zugleich in vielen einzelnen und begründet jene Ganzheit, deren Glieder wir sind. Die Ideenwelt, die ein ungeteiltes Ganzes ist, bildet den objektiven Geist[4]." Diese universalistische Auffassung der Persönlichkeit bei Othmar Spann steht im Gegensatz zu der Persönlichkeitsauffassung von Kurt Breysig[5]. Dieser spricht von der aussendenden Kraft der Persönlichkeit.

---

[1] *Kelsen*, Der soziologische und der juristische Staatsbegriff, Tübingen 1922.

[4] *Spann*, Gesellschaftsphilosophie, München u. Berlin 1928, S. 70 ff.

[5] *Breysig*, Persönlichkeit und Entwicklung, Stuttgart u. Berlin 1925.

Das kollektive Unbewußte eines C. G. Jung, die Libido-Verbindung eines Freud, die Massenseele eines Le Bon und schließlich die völkerpsychologischen Erkenntnisse von Wilhelm Wundt sind für die Erforschung der Entstehung sozialer Gebilde, ihrer Funktionen und besonders der Beziehungen zwischen den einzelnen Komponenten der Persönlichkeit und den verschiedenen Gruppenbildungen wichtige Ausgangspositionen gewesen. Nur ist es bisher nicht gelungen, einen einheitlichen Personbegriff von der Soziologie her zu gewinnen, jedoch haben einzelne Soziologenschulen einen deutlichen Niederschlag in den neueren Auffassungen der Juristen gefunden. Das zeigt sich sogar in den rechtsdogmatischen Grundlagen des Strafrechtsentwurfs von 1962. Was aber zweifellos noch zu erwarten ist, das ist die Folgerung aus der Erkenntnis der Gesetze der zwischenmenschlichen Beziehungen, deren Struktur und gestaltende Kräfte. Soziologie als „Lehre vom Handeln der Menschen" (L. von Wiese) sollte eigentlich, wenn sie erst die metaphysischen und mystischen Reste, die ja noch von Henry Bergson verblieben sind, abgestreift hat, gerade für die Abklärung der Probleme wie Verantwortung und Schicksal der Person, die wiederum für die Strafrechtsdogmatik von fundamentaler Bedeutung sind, Entscheidendes beizutragen haben. Denn Soziologie scheint schon ihrer Problemstellung nach in ihrem Wesen deterministisch zu sein. Jedenfalls deuten darauf solche Begriffe wie Status und Rolle, welche die Soziologie herausgearbeitet hat, ebenso Schicksalsbegriff und Schicksalsgemeinschaft.

Die neuere Soziologie lehrt, daß unser Verhalten innerhalb der menschlichen Gesellschaft von Regeln bestimmt wird. Der Mensch findet für seine Lebensführung bereits eine Menge von Verhaltensregeln als gegeben in der Gesellschaft vor. Es sind „Modelle" von Verhaltensweisen, durch die das Leben in der Familie, in der Gruppe, in der Gemeinde, im Verein, in jedem menschlichen Verband seine feste Ordnung erhält. Die Soziologie hat für die Summe der Verhaltensweisen, die dem einzelnen in einer bestimmten Gemeinschaft zukommt, den Begriff der Rolle entwickelt. Die Rolle ist nicht gleichbedeutend mit Person, sie ist bezogen auf eine bestimmte Gesellschaft. Der Mensch ist meist Träger mehrerer Rollen, z. B. als Vater in seiner Familie, als Mitglied eines Vereins, als Staatsbürger, als Meister in einem Betriebe usw. Der soziologische Rollenbegriff ist daher nicht mit „Person" gleichzusetzen, was leicht möglich wäre, wenn man an den Begriff der Rolle denkt, wie ihn die Neuplatoniker aufgefaßt haben (Epiktet). Für die Neuplatoniker hatte der Mensch eine Rolle, und es wäre seine Sache, sie gut zu spielen. Sie war zwar auch *eine* unter mehreren in der menschlichen Gesellschaft zu spielende, aber eben doch nur die eine, dem einzelnen Menschen verliehene, und somit identisch mit der Person. Das ist nun der heutige soziologische Rollenbegriff im Gegensatz zum neuplatonischen nicht.

Was der Mensch aus seiner jeweiligen Rolle macht, liegt in seinem freien Willen, und hier zeigt sich nun die Soziologie von der Wertethik beeinflußt. Trotz der durch Verhaltensmodelle determinierten Verhaltensweisen = Rolle soll die Person autonom sein. Es fragt sich nur, welchen Wert dann die Gesetze der Soziologie noch haben, wenn sie an dem autonomen Willen der Person scheitern können.

2. Der moderne Persönlichkeitsbegriff in der Jurisprudenz unter dem Einfluß der Wertphilosophie

Bei der Frage nach den Normen, — welche Normen, Inhalt derselben — stößt die Jurisprudenz auf die Frage nach den Werten. Sie fragt, welche Werte geeignet sind, als Norm für das praktische Verhalten und für die Beurteilung des Schicksals des Menschen zu dienen. Die Frage nach den Werten zu beantworten, hat sich die Philosophie von Anfang an stets bemüht, und zwar jene Richtung der Philosophie, die man als Wertphilosophie bezeichnet, im ganz speziellen Sinne. Die Wertphilosophie denkt nicht ohne Voraussetzungen, sondern hält sich an Grundlagen. Eine solche ist das Wertbewußtsein. Es ist die eigentliche empirische Grundlage, denn Wertbewußtsein setzt Werterlebnisse und Werturteile voraus; diese gründen sich auf Erfahrungen des einzelnen. Aus praktischen Gründen benötigt der Mensch eine Rangordnung von Werten. Diese entsteht allein schon dadurch, daß sich bestimmte Werte für ihn als dauernder, wiederkehrender, nützlicher, herrschender, lustvoller usw. erweisen. Im Kampf der Motive spielt das Wertbewußtsein insofern eine Rolle, als durch es bereits Vorentscheidungen getroffen werden können. Die Wertphilosophie erblickt in der Tätigkeit des Wertens eine elementare psychische Funktion, und daraus leitet sie die Folgerung ab, die für die Jurisprudenz, insbesondere für unser Problem der juristischen Person, erhebliche Bedeutung erlangt hat. Leider stimmen diese Voraussetzungen nicht, denn tatsächlich handelt es sich bei dem Wertungsvorgang nicht um ein psychisches Urphänomen, wie manche Autoren behaupten, sondern wie ich in meinen Untersuchungen über Werterlebnisse nachweisen konnte, um rationale Prozesse, nämlich Urteils- und Schlußprozesse auf Grund intellektueller Überlegungen, oder um reproduzierte Wertungen, bei denen häufig, nicht immer, emotionale Vorgänge eine wichtige Rolle spielen. Keineswegs aber sind es elementare psychische Erscheinungen bzw. Vorgänge, die nicht weiter ableitbar wären[6]. Die Wertphilosophie kann sich daher nicht auf angeborene elementare psychische Funktionen, nämlich Wertgefühle, berufen. Solche gibt es nämlich nicht, sondern Gefühle, die sich an intellektuelle Tatbestände wie Werturteile, Vorstellungen von Werten

---

[6] *Nass*, Religiöse Werterlebnisse, Experimentelle Untersuchungen zur Psychologie der religiösen Wertung, Zeitschrift für Religionspsychologie 1933, Heft 1.

usw. anlehnen bzw. durch sie ausgelöst werden. Es gibt keine absoluten Werte an sich, sondern nur Werte in Relation zu etwas, zu uns, innerhalb einer Gruppe, einer Zeit, einer Epoche. Es gibt auch keine Rangordnung der Werte. „Da es keine Werte an sich gibt, kann es auch keine Rangordnung der Werte an sich geben, sondern nur eine Rangordnung der Wertungsweisen innerhalb des Wertbewußtseins[7]." Werte sind Qualitäten von Objekten, nicht diese selbst. Vorstellungen von einem „Reich der Werte" gehören in das Gebiet der Transzendentalphilosophie und können nicht Gegenstand von Erörterungen über den Einfluß der Wertphilosophie auf den Persönlichkeitsbegriff sein. Ebenfalls ist das *Reich der Werte* unserem Wertbewußtsein transzendent, sofern unter diesem absolute Werte verstanden werden sollen. Was dagegen bewußtseinsimmanent ist, das ist der Besitz an überkommenen und erlebten, durch eigene Urteile gewonnenen, angeeigneten Werten.

Was nun die allgemeine Gültigkeit der Werte betrifft, so ist auch diese nur relativ. Wir halten manche Werte für allgemein gültig, weil wir es annehmen, daß sie es sein müßten und andere dasselbe annehmen müßten. Ob andere die Allgemeingültigkeit aber anerkennen, erwägen wir nicht.

Das Wertbewußtsein kommt in den Willenshandlungen zur Auswirkung. Die herkömmliche Psychologie macht einen deutlichen Unterschied zwischen Willenshandlungen und Antrieben. Während letztere auf den in uns angelegten Trieben beruhen, sind erstere charakterisiert durch das Ichbewußtsein, welches in verschiedenem Grade an der Willenshandlung maßgeblich beteiligt ist. Das *Ich-will-bestimmen*, die Selbstbestimmung, enthält ein Zweifaches, erstens ein Werturteil, welches bestimmt und zweitens die Antriebe, welche bestimmt werden. Nun wissen wir, daß das Werturteil sich wiederum ergibt aus Erfahrungen und Gefühlen, das sind einige der Determinanten; es kommt z. B. noch die Konstellation des Bewußtseins hinzu. Die Antriebe sind wiederum determiniert durch die Struktur der Person, z. B. durch das Gewicht der Antriebe im Gefüge der Struktur, durch die Gewöhnung an ein bestimmtes Verhalten, das eine schnellere und automatische Funktionsbereitschaft ermöglicht.

Der Mensch ist nicht als Augenblicksnatur angelegt, d. h. seine Entscheidungen werden nicht von den augenblicklichen situativen Faktoren bestimmt, sondern aus ganzen Bündeln früherer Entscheidungen, Erlebnissen, Wertungen, eben dem großen Komplex von Inhalten, die wir in unserem Wertbewußtsein vorfinden. Es liegt ein großer Fehler, der oft begangen wird und der zu falschen Schlußfolgerungen führt, darin, daß das Werturteil als nicht weiter ableitbar aufgefaßt wird, anstatt die Determiniertheit des Werturteils durch das Wert-

---

[7] *Reininger*, Wertphilosophie und Ethik, 3. Aufl., Wien u. Leipzig 1947, S. 56.

2. Der wertphilosophische Personbegriff

bewußtsein und dieses wiederum als ein durch zahlreiche Determinanten Bestimmtes zu erkennen. Das Selbstwertbewußtsein, das mit dem Ichbewußtsein gekoppelt ist, läßt aber nicht zu, den Gedanken der freien Selbstbestimmung zu eliminieren. Und ist es nicht ein schönes Gefühl, sagen zu können: Ich bin es, der sich für dieses entschieden hat, anstatt zuzugeben, daß ich mich gar nicht anders entscheiden konnte, weil die Antriebe in diese bestimmte Richtung drängten? Wir wollen jedoch hier nicht mehr das Problem der Willensfreiheit erörtern. Das ist bereits ausführlich geschehen[8]. Nur sei hierzu ergänzend auf eine Erscheinung hingewiesen, die Reininger als Überhöhung des Ichs bezeichnet und die darin besteht, daß das Ich „sich selbst objektiv wird", zum Gegenstand der kausalgenetischen Betrachtung macht und über dieses Ich dann ein höheres Ich gestellt wird, welches die kausalgenetische Betrachtung vollzieht. Ich habe diese Erscheinung, die ich in meinen gefühlspsychologischen Untersuchungen beobachten konnte, als Superposition bezeichnet[9]. Sie begründet keineswegs die Realität der sittlichen Selbstbestimmung. Wir sagen ja auch von anderen Personen, daß ihre Handlungen determiniert sind und voraussagbar. Wir erwarten von anderen kausalgenetisch bestimmbare Handlungsabläufe. Darauf baut sich ja unsere Erziehung auf, unsere Beeinflussung anderer in der Werbung, der Politik und im geschäftlichen Leben.

Die Wertphilosophie aber eliminiert die determinierenden Fakten. Für sie ist die sittliche Selbstbestimmung die Grundlage menschlichen Seins. „Es ist die Geburtsstunde der Persönlichkeit im Menschen, da ihm zum erstenmal zum Bewußtsein kommt, daß er in seinen allerletzten Entscheidungen doch immer allein steht, daß sie ihm niemand abnehmen kann und er sie ausschließlich vor seinem Gewissen zu verantworten hat[10]." Das ist eine Wiederholung dessen, was sich durch die ganze Wertphilosophie von der Bergsonschen Metaphysik über Husserl, Rickert, Nicolai Hartmann und Max Scheler hinzieht. Persönlichkeit wird von ihr als Wert verstanden, und zwar sowohl als Forderung, aus der Person zu höherer Daseinsstufe sich aufzuschwingen und seine Kräfte nach den sittlichen Normen zu entfalten, als auch als eines Wertes für das Sozialleben im Sinne von sozialen Forderungen, als Rechtspflichten.

Eine Auseinandersetzung mit der Wertethik ist hier nicht beabsichtigt, weil das Wesentliche hierzu in meinen kritischen Bemerkungen

---

[8] *Nass*, Der Mensch und die Kriminalität, Bd. I, II und III, Köln und Berlin 1959 u. 1961.
[9] *Nass*, Das Gesetz der Superposition religiöser Gefühlszustände, Untersuchungen zur psychologischen Deutung ekstatischer Phänomene. Z. f. Religionspsychologie 1931.
[10] *Reininger*, a. a. O., S. 189.

über die Ethik Kants, Schelers und Hartmanns bereits gesagt ist[11]. Es sei in diesem Zusammenhang nur noch auf eine Fiktion hingewiesen, die in der Wertphilosophie gebildet worden ist, nämlich die Fiktion überindividueller Subjekte, die ganz spezifische Wertungen ausgeprägt hat. Diese Fiktionen sind Typen, die zwar keine Substantialität haben, aber Wirkungsrealität. Die von ihnen ausgeprägten eigenen Wertungen finden sich in fast allen ihnen zugehörigen Individuen. Auf ihnen bauen Typologien auf, die sich in zahlreichen Variationen finden, wie die Lebensformen, die von Spranger beschrieben worden sind; andere bilden fiktive Persönlichkeiten in zeitlich umschriebenem Zusammenhang wie *der antike Mensch*, der *mittelalterliche*, der *Renaissance-Mensch*, der *Kollektivmensch*, der *Massenmensch*, die *Massengesellschaft*.

3. Person und Persönlichkeit in der Jurisprudenz der Gegenwart

Alle diese philosophischen und soziologischen Strömungen der ersten Hälfte des 20. Jahrhunderts finden sich nun in den Auffassungen über den Personbegriff der Jurisprudenz der Gegenwart. So weist Hubmann darauf hin, daß Persönlichkeit und Recht in vieler Hinsicht Gegensätze darstellen. Vor dem Gesetz sollen alle Menschen gleich sein, die Persönlichkeit sei es aber nicht. Das Recht müsse daher unpersönlich sein. Das Wesen der Persönlichkeit bestehe in der Autonomie, der sittlichen Freiheit, der Selbstbestimmung. Demgegenüber müsse das Recht die Freiheit beschränken und den Eigenwillen der Persönlichkeit gegenüber dem Willen der Gemeinschaft durchsetzen[12]. Zu welchen Schwierigkeiten das führt, stellt Hubmann an einem Beispiel heraus: „Doch kann es im Einzelfall sein, daß das Recht nicht auf der Seite der Mehrheit, sondern auf der Seite der Persönlichkeit liegt", und er erinnert an die Prozesse von Sokrates und Bruno.

„In all den Fällen, in denen das Wissen der Persönlichkeit um die Rechtsidee richtiger ist als das positive Recht, ist sie daher an sich zum Widerstand berechtigt ... Das Widerstandrecht beginnt erst dort, wo auch der in der Rechtsordnung verwirklichte Ordnungswert die Ungerechtigkeit ihrer einzelnen Normen nicht mehr aufzuwiegen vermag. Das sich hieraus ergebende Spannungsverhältnis zwischen dem Wertstreben der Persönlichkeit und dem Ordnungswert des ungerechten Rechts kann letzten Endes nur durch die Entscheidung der Persönlichkeit gelöst werden und diese Tat wiederum kann nur durch das Urteil der Geschichte ihre Rechtfertigung erfahren[13]."

Aus alldem folgt die Trennung von Recht und Sittlichkeit. Die Rechtsordnung darf daher nur „ein Mindestmaß sittlicher Gehalte in sich aufnehmen, nur jenes ethische Minimum, das zur Aufrechterhaltung der Gemeinschaftsordnung unbedingt erforderlich ist."

---

[11] *Nass*, Der Mensch und die Kriminalität, Bd. II, Grundlagenforschung zur forensischen Psychologie, Teil IV, Ethik als Grundlage des Strafrechts.
[12] *Hubmann*, Das Persönlichkeitsrecht, Münster-Köln 1953.
[13] *Hubmann*, a. a. O., S. 81 ff.

3. Person und Persönlichkeit in der Jurisprudenz der Gegenwart

„Die gleiche Schlußfolgerung, daß das positive Recht nur ein Minimum an Sittlichkeit verwirklichen darf, ergibt sich auch aus seinem Zwangscharakter. Das Wesen des sittlichen Aktes besteht in der freien Entscheidung der Persönlichkeit für den erkannten Wert. Würde das Recht alle sittlichen Forderungen mit seiner Sanktion versehen, so wäre die Sittlichkeit selbst in Gefahr. Viele Menschen würden nicht gut sein aus freier Hingabe an den sittlichen Wert, sondern aus Furcht vor dem Rechtszwang. Außerdem würden, wie es bei allen heiligen Rechten früher Kulturstufen der Fall ist, auch viele Unwerte und Irrtümer als sittliche Forderungen mit Zwang durchgesetzt werden. So ist in der Tat die Trennung von Recht und Sittlichkeit, die Trennung von zivilem und heiligem Recht, die Voraussetzung für die sittliche Entfaltung der Persönlichkeit und für ihre freie Hingabe an Werte, die von ihrem Gewissen als solche erkannt werden[14]."

Wenn nun die Rechtsordnung auch nicht in der Lage ist, die Sittlichkeit zu fördern, so „kann und muß sie die sittliche Aufgabe der Persönlichkeit ermöglichen. Aus dem Zweck des Rechts folgt, daß der verwirklichte Persönlichkeitswert Rechtsgut ist." Um dieses Rechtsgut genauer zu bestimmen, muß das Wesen der Persönlichkeit erläutert werden, soweit sich aus diesem Forderungen an die Rechtsordnung ergeben. Da ist zunächst die Selbstbestimmung der Person, die sich in der Gestaltung der Beziehungen als Träger von Rechten und Pflichten auswirkt. Da ist ferner die Entfaltung der Persönlichkeit, welche durch die Rechtsordnung ermöglicht und geschützt wird; da ist weiterhin die Persönlichkeitssphäre, welche vor Eingriffen bewahrt bleiben muß, und da ist schließlich das Recht auf Individualität. Diese einzelnen Bestimmungen haben nun in der Begründung des Persönlichkeitsrechts verschiedene Akzentuierung gefunden, je nachdem, welche philosophische Richtung zugrunde lag. Auf diese hier einzugehen, würde zu weit führen. Derjenige welcher in die Wertphilosophie, insbesondere in die recht komplizierte Wertethik eingedrungen ist, kann an diesen kurzen Zitaten leicht die Beziehungen zur Wertethik erkennen.

Einen ähnlichen, jedoch noch weit umfassenderen Aspekt bietet Coing, wenn er ausführt:

„Die deutsche Rechtstheorie der Gegenwart ist durch Versuche gekennzeichnet, die philosophischen Grundlagen des rechtlichen Persönlichkeitsbegriffs wiederzugewinnen. So hat Schönfeld in einer tiefgründigen Abhandlung in Anknüpfung an Hegelsche Gedanken darauf hingewiesen, daß der Personbegriff im Gegensatz zu dem des Rechtssubjekts kein rechtstechnischer und daher beliebiger, sondern ein ‚Substanzbegriff' sei, der auf die dem Recht vorgegebene sittliche Persönlichkeit gehe, deren Wesen Freiheit sei. Gerhard Husserl hat ebenfalls hervorgehoben: Das Recht findet in den Gliedern der Gemeinschaft, die zur Rechtsgemeinschaft gestaltet wird, Personen bereits vor. Nicht darum handelt es sich, personale Wesen zu schaffen, sondern außerrechtlich geschaffene Personen durch das Recht personal zu qualifizieren[15]."

---

[14] Ders., S. 84 ff.
[15] *Coing*, Der Rechtsbegriff der menschlichen Person und die Theorien der Menschenrechte, in Beiträge zur Rechtsforschung, Tübingen 1950.

VIII. Soziologie und Wertphilosophie

Hegelsche Gedankengänge finden sich da und dort in den Staatstheorien verstreut; so spricht z. B. Horneffer vom „objektiven Geist des Volkes"[16]. Rudolf Werner Füsslein nennt als Grundelement des Staates „die Menschen im Staate, nicht als biologischer Volkskörper, sondern als gegliederte Gesamtheit der Staatsangehörigen[17]. Füsslein ist an der Werttypologie Sprangers orientiert. Seine Ausführungen bzgl. dessen, was uns bisher als Begriff der Staatspersönlichkeit begegnet ist, gipfeln in einer mindestens originär zu nennenden Auffassung. Die an die einzelne Persönlichkeit und somit an einen physiologisch-psychologischen Organismus gebundene Geistesgesetzlichkeit hebt den Staat aus dem Mechanismus einer bloßen Institution heraus und gibt ihm einen organischen, genauer einen psychischen Charakter. So entschieden auch die Existenz eines überindividuellen Organismus als Wesenskern des Staates bestritten werden muß, so kann andererseits der psychologisch-organische Charakter des Staates nicht geleugnet werden.

Friedrich Giese lehnt sich in seiner Persontheorie eng an die Organtheorie an.

„Die juristische Verbandsperson Staat entspricht gewissermaßen der natürlichen Einzelperson Mensch. Beide Personen bilden und betätigen, erklären und vollziehen ihren Willen durch ihre Organe. Diese Organe sind wesentliche Bestandteile wie der menschlichen so der staatlichen Organisation. Die Staatsorgane sind Glieder am Volkskörper. Sie sind die Werkzeuge, durch die die Staatsperson wollend und handelnd tätig wird. Sie bestehen aus Menschen, deren Verhalten namens des Staates nicht ihr privatpersönliches, sondern das staatspersönliche Wollen und Handeln bedeutet, dem Staate zugerechnet wird ... Der Staat ist die durch seine Organe wollende und handelnde Person. Nur der Staat ist Person, nicht auch die Organe."

Obgleich Giese nicht eindeutig eine Staatspersönlichkeitstheorie entwickelt hat, lassen diese wenigen Sätze doch erkennen, daß er den Staat als Person im Sinne einer der menschlichen Person zu entsprechende, einer Entsprechung also, auffaßt, jedenfalls realiter, nicht idealiter. Darauf deutet auch der Hinweis auf die Reine Rechtslehre Kelsens, die er ablehnt: „Wer im Staat nicht eine Funktion, sondern eine Substanz erblickt, wird die Rechtstheorie ablehnen müssen[19]."

Wenn die Lehrtätigkeit von Hugo Preuss auch in die Jahrhundertwende fällt, so hat er doch noch in das 20. Jahrhundert als Vater der Weimarer Verfassung hineingewirkt. Er ist ein Verfechter der Theorie der Staatspersönlichkeit als Organismus. Der Gedanke der Gliedhaftigkeit wurde von ihm besonders herausgestellt. Wir finden bei ihm den Staat

---

[16] *Horneffer*, Die Entstehung des Staates, 1933.
[17] *Füsslein*, Die unwandelbaren Fundamente des Staates, Hamburg 1947.
[18] *Giese*, Allgemeines Staatsrecht, Tübingen 1948.
[19] *Kelsen*, Reine Rechtslehre, S. 13.

3. Person und Persönlichkeit in der Jurisprudenz der Gegenwart 81

als Gesamtpersönlichkeit dargestellt, welche sich aus Gliedpersönlichkeiten und Organpersönlichkeiten zusammensetzt[20].

Einen sehr bedeutenden Beitrag zum modernen Persönlichkeitsbegriff in der Jurisprudenz hat Westermann mit seinem Vortrag *Person und Persönlichkeit als Wert im Zivilrecht* geleistet[21]. Schon das Thema des Vortrages ist kennzeichnend für die Ausrichtung. Westermann betrachtet das Problem der juristischen Person unter dem Gesichtspunkt der Interessenjurisprudenz und stellt es in ein neues Umfeld mit anderen Kategorien als die bisherigen Problemstellungen es taten. In der Interessenjurisprudenz wird der wertende Charakter des Rechts betont. Die Normen entscheiden über menschliche Interessen, welche bewertet werden müssen. In den Mittelpunkt der rechtswissenschaftlichen Betrachtung rückt so die Wertgrundlage der Normen. Für ihn stellt sich daher die Frage „ob und in welchem Maße Person und Persönlichkeit Wertgrundlagen von Normen bilden." Westermann setzt den Persönlichkeitsbegriff in Beziehung zur Gemeinschaft. Von den Kräften einer Persönlichkeit erhalte das Gemeinschaftsleben wesentliche Impulse. Die Persönlichkeit wird damit zu einem erheblichen Wert für das Sozialleben. Hierin zeigt sich bei Westermann der Einfluß soziologischer Erkenntnisse, aber nicht nur dieser. Indem er den Pflichtgedanken aufnimmt und auf die Bindungen des Menschen an Rechtspflichten hinweist und somit an den Willen appelliert, kommt bei ihm die Wertethik zur Geltung, und durch diese bringt er einen neuen Gesichtspunkt hinein, der festgehalten zu werden verdient.

Bei der Untersuchung der Frage, wann der Begriff der Persönlichkeit im Zivilrecht auftritt, findet er neue Momente, welche dem Persönlichkeitsbegriff in der Jurisprudenz eine differenzierte Stellung zuweisen. Der Persönlichkeitsbegriff tritt in der Bedeutung als technischer Begriff auf: im Wirtschaftsrecht, Aktienrecht und im Genossenschaftsrecht. Hier dominiert die Persönlichkeitskomponente der Pflicht. In einer zweiten Bedeutung tritt das Moment der Entfaltung der Persönlichkeit hervor: Erziehungsrecht und Verfassungsrecht (Menschenwürde). In der dritten und höchsten Bedeutung steht der Persönlichkeitsbegriff für höheres Menschentum: Urheberrecht, Erfinderrecht. In ihr kommt auch die soziale Wertung des Künstlers zum Ausdruck.

Die moderne Auffassung macht einen deutlichen Unterschied zwischen dem Begriff juristische Person und dem Begriff Persönlichkeit. Der Be-

---

[20] *Preuss,* Über Organpersönlichkeit, eine begriffskritische Studie, Schmollers Jahrbuch, Bd. 26, 1902, S. 564, 569 ff.

[21] *Westermann,* Person und Persönlichkeit als Wert im Zivilrecht, erschienen in der Schriftenreihe der Arbeitsgemeinschaft für Forschung des Landes Nordrhein-Westfalen, Geisteswissenschaft, Heft 47, Köln u. Opladen 1957.

griff Persönlichkeit ist, wie wir bei Westermann sehen, kein spezifisch juristischer. Er wird als anthropologischer Rechtsbegriff vom Zivilrecht übernommen. Man spricht von Persönlichkeitsrecht und meint damit alle jene Rechtsnormen, welche Rechte und Pflichten der „Persönlichkeit" zum Gegenstand haben. Persönlichkeitsrecht ist nicht etwa das Recht der juristischen Person. Eine solche Auffassung, wie sie noch in der ersten Hälfte unseres Jahrhunderts üblich war, wird nun abgelöst durch die Einflüsse der Wertphilosophie, Soziologie und besonders der Anthropologie.

Hier müssen wir nun eine Einschränkung vornehmen, die zur Klärung beitragen möge. Einige Autoren berufen sich neuerdings, indem sie die Entscheidungsfreiheit der Person und damit Verantwortung, Schuld und Strafe rechtfertigen möchten, auf die moderne Anthropologie. Hier muß einmal festgestellt werden: Wer ist denn überhaupt Anthropologe? Ein reflektierender Philosoph ist es sicher nicht, auch wenn er noch so scharfsinnige Gedanken über den Menschen geäußert und in seinem Fach als Philosoph Bedeutendes geleistet hat. Die Anthropologie stellt Forschungen *am* Menschen an und ihre Forschungsergebnisse sagen etwas *über* den Menschen aus. Wer aber *nur über* den Menschen auf Grund seiner Überlegungen reflektiert, ist kein Forscher *am* Menschen und scheidet als Anthropologe aus. Auf diese sich zu berufen, ist allzu billig. Der ernste Wissenschaftler kann nur den als Anthropologen gelten lassen, der seine Forschungen auf Untersuchungen von vielen hunderten Menschen verschiedenen Alters, Berufes, Standes, verschiedener Völker, Kulturen usw. stützt. Die manchmal für die Anthropologie des 20. Jahrhunderts als repräsentativ zitierten Philosophen, die angeblich das neue Menschenbild aufgezeigt haben sollen, nach welchem der Mensch die Freiheit der Wahl habe, fallen nach dem Maßstabe, den wir anlegen müssen, nicht darunter. Aber selbst die wirklich bedeutenden Anthropologen werden manchmal im Sinne der Gegner des kausalen Determinismus einfach umgedeutet. Denn daß der Mensch das *Erlebnis* der Wahl und der freien Entscheidung hat, wird vom Deterministen nicht bestritten, wohl aber daß der Mensch die Freiheit der Entscheidung *hat*. Auch das beliebte Sichberufen auf die angebliche Freiheit von der Kausalität in der Atomphysik beruht auf einem Mißverständnis. Wo steht denn, daß in der Atomphysik die Kausalität aufgehoben sei? Wenn der Atomphysiker experimentiert, so muß er die Kausalität voraussetzen. Der Spielraum, in welchem die erwarteten Ereignisse kausalgesetzlich eintreten, ist statistisch determiniert[22]. Die philosophische Anthropologie kann nicht als Zeuge gegen erwiesene Tatsachen im psychophysischen Bereich der Anthropologie herbeigerufen werden; denn die Anthropologie ist eine Tatsachenwissenschaft, die Philosophie dagegen eine spekulative Wissenschaft, und deshalb münden die philosophischen Spekulationen über den Menschen stets in die Transzendentalphilosophie ein oder in religiösen Dogmatismus. Mit Ergebnissen von Spekulationen kann man keine durch Beobachtung von Vorgängen erwiesenen Tatsachen widerlegen.

---

[22] *Nass*, Das Weltbild als Spiegel der psychologischen Anthropologie und die Stellung der Psychologie im modernen Weltbild, Bericht über den 21. Kongreß der Deutschen Gesellschaft für Psychologie, Bonn 1957.

Das Menschenbild des 20. Jahrhunderts baut auf den Forschungsergebnissen der Naturwissenschaften des 19. Jahrhunderts auf; es eliminiert diese nicht. Wir müssen uns gegen Versuche wehren, die ein unechtes, auf philosophischen Wunschbildern beruhendes Menschenbild an die Stelle des wahren setzen, bloß um überholte Anschauungen und Institutionen weltanschaulich untermauern zu können.

IX. Ergänzungen und abschließende Thesen über Person, Persönlichkeit und juristische Person

1. Ergänzungen zum Personbegriff heute

Person ist die Natur des Menschen, das Subjekt, zum Unterschied von einer Mehrheit oder Vielheit. Die Rechte, die einer juristischen Person verliehen werden, nämlich Rechtssubjekt zu sein, sind die einer physischen Person. Der Ausdruck Person enthält also bereits Rechte, nämlich die Menschenrechte, welche die Gemeinschaft, in der der Mensch lebt, ihm ohne weiteres zubilligt, durch seine Existenz, durch sein bloßes Dasein. Person hat von Natur aus ihr Recht, nämlich aus der Existenz, auf Leben, und zwar nicht nur schlechthin, sondern auf ihre Eigenart, bedeutet also das Recht auf Eigenart oder auch „Eigenrecht". Person enthält bereits die Komponente der Eigenart und des Eigenrechts. Die Komponente der Eigenart bedingt Selbständigkeit, die des Eigenrechts bedingt Herrschaft. Die Eigenart ist wiederum bedingt durch zwei Komponenten: Anlage und Umwelt; denn die Eigenart ist ja eine Resultante aus einem Entwicklungsprozeß, den Gesetzen des Bildens unterworfen. Wir dürfen von der Person sagen, daß ihr Individualität zukommt, das Unterscheidbare, das ihr als etwas Einmaligem anhaftet. Person ist nicht nur das Individuum, wie es die Natur hervorgebracht hat, sondern das lebendige, in das Dasein, in sein Dasein gestellte menschliche Wesen; und dieses Dasein wird beherrscht von Normen, nach denen die Person zu seiner Erhaltung zu leben genötigt ist. Die Eigenarten der Person müssen von der Umwelt abgeschliffen werden in einem Erziehungsprozeß, der zunächst nur Gewöhnung und Anpassung ist, nicht mehr, kein Prozeß des geistigen Bildens. Die Eigenrechte hingegen finden in den Normen ihre begrenzenden Bahnen, in denen das Tun der Person ungestört ablaufen darf, ohne daß die Gefahr besteht, von den Eigenrechten der anderen gestört zu werden oder solche der anderen zu behindern. Es sind daher Eigenrechte ganz allgemeiner Art, die zur Erhaltung und Sicherung der Existenz der Person notwendig sind.

Wenn wir von der Unterwerfung unter die Gesetze des Bildens sprechen, so ist dieses nicht ganz richtig und bedarf der Einschränkung. Der Entwicklungsprozeß der Person ist das Werden des Individuums, welches nicht den geistigen Bildungsprozeß mit Hilfe der Aneignung und Verarbeitung kultureller Werte einschließt. Das Personsein hat aber auch eine Innenseite, nämlich das Erlebnis als Person. Der Mensch erfährt sich als Person. Dieses Erlebnis als empirische Person ist ihm gegeben durch das Ichbewußtsein. Das Ichbewußtsein ist ihm zwar nicht immer gegenwärtig, aber wenn er sich seines Gegenwarts-Ichs bewußt ist, ist es stets ein aktuelles Erlebnis, dem zugleich etwas Punktuelles anhaftet. Das Ich wird nicht erlebt als ein Vergangenes oder Zukünftiges, sondern als ein Jetzt und Hier. Das hat für die Entstehung des Freiheitsbewußtseins determinierende Bedeutung; denn das Icherlebnis verhindert das Erinnern an determinierende Tendenzen, die davor liegen, also gegeben sind in den Neigungen, Gewohnheiten, Anschauungen, Vorstellungskomplexen und gefühlsträchtigen Erinnerungen. So kommt es, daß der Gedanke an Determinanten als Ursachen von Entscheidungen gar nicht aufkommen kann. Ich bin es, der entscheidet! Ich bin es, der denkt und handelt! Ich bin die Ursache, der Ausgangspunkt. Der punktuelle Charakter des Ichs bewirkt auch den Eindruck der Einmaligkeit, des *so und nicht anders,* der Unbedingtheit des aktuellen Erlebnisses der Entscheidung.

2. Persönlichkeit

Die Wertphilosophie ist leicht geneigt, den Begriff Persönlichkeit mit einem Idealbild gleichzusetzen. Hierbei besteht die Gefahr, Persönlichkeit einseitig zu sehen und alle diejenigen auszuschließen, die nicht den Leitbildern entsprechen, also der Idee des Wahren, des Guten und Schönen. Ist mit Persönlichkeit stets eine schöpferische gemeint? War Grabbe eine Persönlichkeit? Wenn man die Leitbilder der Wertethik zugrunde legen würde, gerieten wir leicht in Zweifel darüber, wer eine Persönlichkeit sei. Ist Persönlichkeit eine Weiterentwicklung der Person oder ist Persönlichkeit etwas Neues, etwas vollkommen anderes? Ist es eine höhere Entwicklungsstufe des Individuums? Diese Fragen drängen sich auf, wenn wir die Äußerungen über den Begriff Persönlichkeit und seine Entstehungsgeschichte vorüberziehen lassen. Schiller sah in der Person den Rohstoff der Natur, aus der die Persönlichkeit vom Geist bearbeitet wird. Diesen Prozeß des Bearbeitens, des Formens und Bildens haben die Pädagogen des 19. und 20. Jahrhunderts als Modellvorstellung benutzt, um ihre Theorien veranschaulichen zu können. Die Modellvorstellung ist aber älter als der Begriff Persönlichkeit. Sie geht mindestens auf Comenius zurück. Schiller hat die alte Modellvorstellung wieder aufgenommen in seinen Briefen über die ästhetische Erziehung. Persönlichkeit ist nicht etwas von Natur an Gegebenes. Eine Persönlichkeit bildet sich. Oder wird sie gebildet? Wenn Person der Rohstoff ist, und wir haben als wesentliche Bestandteile dieses Rohstoffes die Attribute der Eigenart und des Eigenrechts genannt, dann erhebt sich die Frage: Was geschieht und wie wird aus diesen Komponenten die Persönlichkeit?

Zunächst sei etymologisch das folgende bemerkt: Aus Person wird über das Adjektiv *persönlich* das Substantiv *das Persönliche*. Das ist aber nicht gleichbedeutend mit Persönlichkeit. Das Persönliche ist eine nähere Bestimmung zu Person, nämlich das der Person Zugehörige, was sowohl äußerer Besitz als auch Eigenschaft bedeutet, das der Person Gemäße. Daß aus Person nicht direkt *Persönlichkeit* gebildet werden kann, weil beide auf verschiedener Ebene liegen, wird auch deutlich, wenn man die Wortbildungen, welche Person zum Ausgangspunkt haben, mit Persönlichkeit vergleicht. Den Plural Personen verwendet man für Bezeichnungen wie Personenregister, Personenstandsaufnahmen usw. Für den Plural setzt man auch das Singular Personal und bezeichnet damit die Gesamtheit von Personen, die einer bestimmten Gruppe zugehören, wie Verkaufspersonal, Büropersonal und die dazugehörigen Bezeichnungen Personalabteilung, Personalchef, Personalakten usw. Niemand würde auf den Gedanken kommen, mit diesen Bezeichnungen den Begriff Persönlichkeit in Verbindung zu bringen, nicht einmal die Bezeichnung *das Persönliche*, vielleicht letzteres mit gewissen Einschränkungen, sofern z. B. die Personalakten Angaben enthalten, die über das zur Person Auszusagende hinausgehen und etwa einen Teilausschnitt von Eigenschaften der Person beinhalten; das sind aber nicht Aussagen über die Persönlichkeit, denn die Eigenschaften, die hierbei interessieren, beziehen sich ja nur auf etwas Bestimmtes, sei es die Person im Beruf oder in anderen Beziehungen.

Wir sagten, das Persönliche bezeichne das der Person Zugehörige an Besitz und Eigenschaften; dazu gehört auch das der Person Zukommende; und damit stoßen wir nun in Bereiche vor, welche die Grenze zwischen dem Persönlichen und der Persönlichkeit leicht verwischen und zu Unklarheiten führen. Zu dem Persönlichen gehört nämlich auch das, worauf die Person in der Gemeinschaft Anspruch hat: Achtung, Ehre, Würde. Daß Würde nicht erst der Persönlichkeit zukommt, geht schon aus der Tatsache hervor, daß der Würdenträger, wie bereits erwähnt, als Standesperson nicht als Persönlichkeit bezeichnet wurde. Ehre wurde den Personen höheren Standes zuteil, später, seit der Französischen Revolution, jedem Staatsbürger. Das gleiche gilt für die Würde. Die moderne demokratische Verfassung hat die Menschenwürde als eines der Grundrechte aufgenommen. Die Grundrechte beziehen sich auf die Person. Die Verfassungen sprechen ausdrücklich von der Freiheit der Person, dagegen, wo es sich nicht um statische Eigenschaften, sondern um ein dynamisches Element wie z. B. um Entfaltung handelt, von Persönlichkeit. Art. 1 GG 1949: „Jeder hat das Recht auf die freie Entfaltung seiner Persönlichkeit". Auch die Hessische Verfassung hat diesen Unterschied zum Ausdruck gebracht, wenn es in Art. 27 heißt: „Die Sozial- und Wirtschaftsordnung beruht auf der Anerkennung der Würde und der Persönlichkeit des Menschen." Daß die Bayerische Verfassung in Art. 100, Bremen in Art. 5 von der Würde der menschlichen Persönlichkeit spricht, besagt nichts gegen die Auffassung, daß Würde bereits der Person als etwas Persönlichem zukomme. Die Verfassung des Saarlandes hat sogar das Recht auf Achtung als ein persönliches aufgefaßt: „Jeder Mensch hat das Recht, als Einzelperson geachtet zu werden[1]." Dieses zur sprachlichen Formulierung Person, persönlich, das Persönliche, welches bereits auf eine klare Trennung von Persönlichkeit hinweist.

In jedem Lebensraum einer Epoche findet man markante Persönlichkeiten, die gleichsam stellvertretend für diesen Raum und für einen Zeitabschnitt stehen. Es sind dieses z. B. die historischen Persönlichkeiten, aber auch andere als die historischen wollen wir nicht übergehen, nämlich solche des kleinen Lebensraumes der Heimat, des Wohnortes und der Verwandtschaft. Hier wird die Persönlichkeit zu einem Summationszentrum von Gefühlen, zu einem Inbegriff des emotionalen und geistigen Inhaltes dessen, was uns dieser Raum in dieser Zeit ist. Ein solcher Persönlichkeitsbegriff hat Bedeutungscharakter für etwas Überindividuelles, nämlich für die besonderen Eigenschaften, die einen bestimmten Lebensraum in einer bestimmten Epoche als für uns wertvoll erscheinen lassen.

3. Zweiundzwanzig Thesen über Person, Persönlichkeit und juristische Person

Die folgenden Thesen bilden die wichtigsten Ergebnisse dieser Untersuchung.
1. Menschliche Person ist menschliche Individualität.
2. Die menschliche Person hat psychische Funktionen.
3. Der allgemeine Personbegriff ist nicht gleichbedeutend mit dem Begriff juristische Person.
4. Der Begriff juristische Person ist ein Modellbegriff, der es uns ermöglicht, Denkoperationen auf bestimmten Gebieten der Jurisprudenz, insbesondere im Zivilrecht und im Staatsrecht durchführen zu können.
5. Die juristische Person hat im Rechtsvorgang die Stellung eines Rechtssubjekts.
6. Die juristische Person ist nicht an menschliche Individualität gebunden.
7. Die juristische Person hat keine psychischen Funktionen.

---
[1] *Huber,* Quellen zum Staatsrecht der Neuzeit, Tübingen 1951.

8. Sie gehört als Denkmodell in den rationalen Bereich und ist nicht mit Emotionen behaftet. Sie kennt kein Rechtsgefühl. (Es wäre sinnwidrig, wollte man einer Aktiengesellschaft ein Rechtsgefühl zusprechen.)
9. Natürliche Personen und juristische Personen können Rechtssubjekt sein.
10. Die natürliche Person hat Eigenschaften, die juristische hat Relationen. Die Elemente der natürlichen Person sind sinnliche Daten, die der juristischen Person Beziehungen.
11. Ist die juristische Person als Rechtssubjekt mit einem Individuum identisch und somit auch menschliche Person, so besitzt die menschliche Person als solche die Fähigkeiten der psychischen Funktion, nicht jedoch als juristische Person.
12. Die Fiktion allein erklärt den Begriff der juristischen Person nicht. Er ist der Fiktion ähnlich.
13. Es ist zu unterscheiden zwischen juristischer Person als Begriff und als Tatbestand. Die juristische Person ist als Begriff ein Abstraktum; erst indem es transobjektiviert wird (d. h. aus einem Abstraktum in die reale Seinswelt überführt) kann dieses Reale, Seiende, als solches auch real funktionieren und ethische Forderungen durch seine Individuen erfüllen.
14. Der Begriff juristische Person hat Rechtssubjekte verschiedener Kategorien zum Inhalt, nämlich solche individueller und überindividueller Art; überindividueller Art sind solche, die eine Mehrheit von Individuen darstellen, weil sie aus einer Mehrheit von Individuen gebildet werden.
15. Der Charakter des Überindividuellen ist nicht gleichbedeutend mit einer höheren Seinsebene. Das Überindividuelle ist keine ethische, sondern eine mathematisch-biologische, also eine naturwissenschaftliche Wertungskategorie.
16. Die Genossenschaften, Verbände und Korporationen sind nach der herkömmlichen Auffassung Personenmehrheiten. Diese Auffassung kann zu Unklarheiten führen, wenn man den Begriff juristische Person anwendet. Für diejenigen juristischen Personen, die aus mehreren Individuen bestehen, sind die Individuen in Rechtsrelation zur juristischen Person zwar Personen, aber nicht juristische Personen, sondern eben Individuen; in Rechtsrelation zu sich selbst aber sind sie juristische Personen. Folgender Einwand wäre möglich: Die Anstalt oder Stiftung als juristische Person hat mit den Individuen derselben an sich nichts zu tun, sondern nur mit Rechtsrelationen. Das ist richtig, gilt aber auch für den menschlichen Verband. Wir müssen daher ergänzen: Der Begriff juri-

stische Person hat Rechtssubjekte und deren Rechtsrelationen zum Inhalt.
17. Der Personbegriff schließt nicht die Komponente des normgerechten Verhaltens ein.
18. Erblicken wir in dem Staat den höchsten menschlichen Verband, so bedeutet das noch nicht, daß der Staat an der Spitze einer ethischen Wertskala stehe, also einer Wertungskategorie angehöre. Eine solche Auffassung widerspräche der Erfahrung und entspräche dem Wunschdenken einer Staatsethik. Die Rechtsperson Staat bedeutet noch nicht ohne weiteres den besseren oder den besten Staat.
19. Persönlichkeit ist eine höhere Stufe des Personseins, auf welcher das Wertbewußtsein voll entwickelt ist.
20. Das Wertbewußtsein ist durch Anlage und Erfahrung determiniert; Erziehungsfaktoren spielen hierbei eine wichtige Rolle.
21. Der Begriff Persönlichkeit ist ein Sollensbegriff, der aus der Ethik entwickelt ist.
22. Die moralische Person ist die mit einem Wertbewußtsein ausgestattete, die aus eigener Gesetzlichkeit, nämlich geregelt durch ihr Wertbewußtsein, d. h. autonom, handelt.

Die Jurisprudenz der Gegenwart (in der Bundesrepublik) hat, sowohl im Zivilrecht als auch im Strafrecht, von der Wertethik und der Soziologie beeinflußt, Begriffe Person und Persönlichkeit entwickelt, welche sich im wesentlichen auf ein philosophisches und nicht von der biologischen und psychologischen Anthropologie vertretenes Menschenbild stützen. Die Darstellung der Entwicklung des Personbegriffs hat gezeigt, daß dieser ein Hilfsbegriff ist, der von verschiedenen Wissenschaften als Modell benutzt wird. Die Jurisprudenz hat ihn aus pragmatischen Bedürfnissen für ihre Zwecke abgewandelt, wobei sie besonders durch die Auffassungen der Philosophie der Aufklärung, der Romantik und der Wertphilosophie des 20. Jahrhunderts beeinflußt wurde. Die Wandlungen des Personbegriffs im jeweiligen Rechtsdogma sind bedingt durch die Wandlungen in den philosophischen Anschauungen. Die psychologische und die naturwissenschaftliche Anthropologie der Gegenwart werden von der Jurisprudenz heute noch zu Unrecht negiert. Die Erkenntnisse der Anthropologie werden zur Abklärung gewisser juristischer Begriffe führen. Diese anzudeuten und anzuregen sollte Aufgabe meiner Untersuchung sein.

Literatur

Althusius, Politica.
Aristoteles, Nikomachische Ethik.
Auer, Würde und Freiheit des Menschen, München-Salzburg 1952.
Baron, Die Gesamtrechtsverhältnisse im römischen Recht, Marburg-Leipzig 1864.
Baumgarten, Die Gesamtpersönlichkeit im Lichte der Jurisprudenz und der Rechtsphilosophie, Historische Zeitschrift für Strafrecht 40. Jahrgang, Berlin 1927.
Bülow, von, Der deutsche Staat des Mittelalters, Eine Grundlegung der deutschen Verfassungsgeschichte 1. Band: Die allgemeinen Fragen, 2. Aufl. 1925.
Bernatzik, Kritische Studien über den Begriff der juristischen Person und über die juristische Persönlichkeit der Behörden insbesondere. Archiv ö. R. Band 5, 1890.
Beseler, Völkerrecht und Juristenrecht, 1843.
Binder, Das Problem der juristischen Persönlichkeit, Leipzig 1910.
— Philosophie des Rechts, Berlin 1925.
— Die Normen und ihre Übertretung, 1.—3. Aufl., Leipzig 1914.
Bloch, Der Doppelcharakter der individuellen Freiheitsrechte als Schutz des einzelnen und als institutionelle Garantie der Demokratie, Basel 1954.
Bluntschli, Deutsches Privatrecht, Band I, 1853.
— Lehre vom modernen Staat, 6. Aufl., Stuttgart 1885/86, Band I und II.
Böhlau, Rechtsobjekt und Personrolle, Weimar 1870.
— Zur Lehre von den sogenannten juristischen Personen, Archiv civ. P. Band 56, 1873.
Breysig, Persönlichkeit und Entwicklung, Stuttgart-Berlin 1925.
Cassirer, Natur- und Völkerrecht im Lichte der Geschichte und der systematischen Philosophie, Berlin 1919.
Coing, Grundzüge der Rechtsphilosophie, Berlin 1950.
— Die obersten Grundsätze des Rechts, Ein Versuch zur Neugründung des Naturrechts; Heidelberg 1947.
— Der Rechtsbegriff der menschlichen Person und die Theorie der Menschenrechte; Beiträge zur Rechtsforschung, Tübingen 1950.
Dahl, Augustin und Plotin, Philosophische Untersuchungen zum Trinitätsproblem und zur Nous-Lehre; Paris 1947.
Demelius, Über fingierte Personenrechte im Jahrbuch für Dogmatik, Band IV, Jena 1861.
Ehrenberg, Der Staat der Griechen, I. Teil, Der hellenische Staat, Leipzig 1957.
Ehrlich, Grundlegung der Soziologie des Rechts, Berlin 1929.
Elkin, Um die Sicherung der Menschenrechte; Zürich-Wien-Konstanz 1951.
Emge, Philosophisches zur Lehre vom Wesen der juristischen Person, Archiv für Rechts- und Wirtschaftsphilosophie, Band XII, 1918—19.
Fischer, Freiheit und Persönlichkeit, Wien 1947.
Funk, Die Phänomenologische Philosophie E. Husserls in der gegenwärtigen Kritik, Berlin 1934.

Füsslein, Die unwandelbaren Elemente des Staates, Hamburg 1947.
Gerber, von, Grundzüge des deutschen Strafrechts, 3. Aufl., Leipzig 1880.
Gierke, von, Das deutsche Genossenschaftsrecht, Berlin 1868.
— Die Genossenschaftstheorie und die deutsche Rechtsprechung, Berlin 1887.
— Das Wesen der menschlichen Verbände, Rektoratsrede, Leipzig 1902.
— Die Grundbegriffe des Staatsrechts und die neuen Staatstheorien einer Zeitschrift für die Staatswissenschaft, Band 13, Tübingen 1874.
Giese, Allgemeines Staatsrecht, Tübingen 1948.
Gumplowicz, Die soziologische Staatsidee, Graz 1892.
Haff, Grundlagen einer Korporationslehre, I. Teil: Gesetze der Willensbildung bei Genossenschaft und Staat, Leipzig 1915.
Hafter, Die Delikts- und Straffähigkeit der Personverbände, Berlin 1903.
Hartmann, Ethik, 5. Aufl., Berlin 1942.
— Das Problem des geistigen Seins, Untersuchungen zur Grundlegung der Geschichtsphilosophie und der Geisteswissenschaften, Berlin 1949.
Hauser, Autorität und Macht, Die Staatsautorität in der neueren protestantischen Ethik und in der katholischen Gesellschaftslehre, Heidelberg 1943.
Husserl, Recht und Zeit, 5. Rechtsphilosophische Essays, 2. Aufl., Frankfurt 1957.
Hegel, Grundlinien der Philosophie des Rechts, Mit den von Gans redigierten Zusätzen aus Hegels Vorlesungen.
— Enzyklopädie der philosophischen Wissenschaften Berlin 1870.
— Vorlesungen über die Philosophie der Geschichte.
Herbart, Allgemeine Pädagogik, 1806.
— Allgemeine praktische Philosophie 1808.
Höhn, Der Individualistische Staatsbegriff und die juristische Staatsperson, Berlin 1932.
Horneffer, Die Entstehung des Staates, Wien und Leipzig 1933.
Hubmann, Das Persönlichkeitsrecht, Münster-Köln 1953.
Hofstätter, Die Psychologie und das Leben, Wien 1951.
Huizinga, Homo ludens, Hamburg 1956.
Hölder, Über das Wesen der juristischen Person, Erlangen 1886.
— Natürliche und juristische Personen, Leipzig 1905.
Ihering, von, Vom Geist des römischen Rechts auf den verschiedenen Stufen seiner Entwicklung, 5. Aufl., Leipzig 1891.
Jahrreiss, Größe und Not der Gesetzgebung.
— Mensch und Staat, Köln 1957.
Jellinek, System der subjektiven Rechte, 2. Aufl., Tübingen 1905.
— Die Entstehung der modernen Staatsidee, 1894.
— Allgemeine Staatslehre, 3. Aufl., Berlin 1929.
— System der subjektiven öffentlichen Rechte, 2. Aufl.
Kant, Metaphysik der Sitten, I. Teil, Metaphysische Anfangsgründe der Rechtslehre.
— Kritik der reinen Vernunft, 1781.
Kaufmann, Über den Begriff des Organismus in der Staatslehre des 19. Jahrhunderts, Heidelberg 1908.
Kelsen, Hauptprobleme der Staatsrechtslehre entwickelt aus der Lehre vom Rechtssatze, 2. Aufl., Tübingen 1923.
— Zur Theorie der juristischen Fiktion mit besonderer Berücksichtigung von Vaihingers Philosophie des Als-Ob, in Annalen der Philosophie, Band I, 1919.
— Der soziologische und der juristische Staatsbegriff, Kritische Untersuchungen des Verhältnisses von Staat und Recht, 2. Aufl., Tübingen 1929.

- Rechtswissenschaft und Recht, Erledigung eines Versuchs zur Überwindung der Rechtsdogmatik, in Z. öR., Band III, 1922/23.
- Reine Rechtslehre, Einleitung in die rechtswissenschaftliche Problematik, Leipzig-Wien 1934.

Kjellén, Der Staat als Lebensform, 2. Aufl., 1917.
Kipp, Staatslehre, Mensch, Recht und Staat, Köln 1947.
Krabbe, Die moderne Staatsidee, 2. Aufl., Den Haag 1919.
Krieken, Van, Über die sogenannte organische Staatstheorie, Ein Beitrag zur Geschichte des Staatsbegriffs, Leipzig 1873.
Knoll, Von den drei Wesenstheorien der Gesellschaft, Individualismus, Totalismus, Personalismus, Wien 1949.
Laband, Beiträge zur Dogmatik der Handelsgesellschaft, Zeitschrift für das gesamte Handelsrecht, Band 30.
Laun, Allgemeine Staatslehre im Grundriß, 8. Aufl., 1961.
- Recht und Sittlichkeit, Rektoratsrede, 3. Aufl., Berlin 1935.

Lasson, Der Begriff der moralischen Person und die Staatspersönlichkeit, Berlin 1871.
- System der Rechtsphilosophie, Berlin-Leipzig 1873.

Mc.Dougall, Psychoanalyse und Sozialpsychologie, Berlin 1947.
Marcic, Vom Gesetzesstaat zum Richterstaat, Wien 1957.
Mayer, Otto, Die juristische Person und ihre Verwertbarkeit im öffentlichen Recht, Tübingen 1908.
Messner, Ethik, Innsbruck-Wien-München 1955.
Meurer, Die juristische Person nach deutschem Reichsrecht, Stuttgart 1905.
Niebergall, Person und Persönlichkeit, Heidelberg 1911.
Nietzsche, Vom Nutzen und Nachteil der Historie für das Leben.
Oppenheimer, System der Soziologie, 2. Band, Der Staat o. J.
Ornstein, Macht, Moral und Recht, Berlin 1946.
Pfeifer, Die Lehre von den juristischen Personen nach gemeinem und württembergischem Recht, Tübingen 1847.
Preuß, Über Organpersönlichkeit, eine begriffskritische Studie, Schmollers Jahrbuch, Bd. 26, 1902.
- Stellvertretung oder Organschaft, eine Replik, in Iherings Jahrbuch, Bd. 44, 1902.

Puchta, Rechtslexikon III.
Pufendorf, De officio.
Radbruch, Grundzüge der Rechtsphilosophie, Leipzig 1910.
Rheinfelder, Das Wort „Persona", Geschichte seiner Bedeutungen mit besonderer Berücksichtigung des franz. und ital. Mittelalters, Beihefte der Zeitschrift für roman. Philologie, Heft 77, Halle 1928.
Reininger, Wertphilosophie und Ethik, Wien-Leipzig 1946.
Rohracher, Einführung in die Psychologie, 6. Aufl., Wien-Innsbruck 1958.
- Die Arbeitsweise des Gehirns, München 1953.

Rothacker, Die Schichten der Persönlichkeit, III. Aufl., Leipzig 1947.
Rotteck, von, Lehrbuch des Vernunftsrechts und der Staatswissenschaft, 2. Aufl., Stuttgart 1840.
Rümelin, Juristische Begriffsbildung, Leipzig 1878.
- Methodisches über die juristische Person, Leipzig 1862.

Salkowski, Bemerkungen zur Lehre von den juristischen Personen, Leipzig 1863.
- Zur Lehre von den juristischen Personen, Leipzig 1862.

Sander, Allgemeine Staatslehre, eine Grundlegung, Brünn-Prag-Leipzig-Wien 1936.

— Staat und Recht, Prolegomena zu einer Theorie der Rechtserfahrung, Wiener staatswissenschaftliche Studien, neue Folge, Bd. 1, Leipzig-Wien 1922.
Savigny, System des heutigen römischen Rechts, Bd. 2, Berlin 1840.
Scheler, Der Formalismus in der Ethik und die materiale Wertethik, neuer Versuch der Grundlegung eines ethischen Personalismus, 4. Aufl., Berlin 1954.
— Vom Umsturz der Werte, Abhandlungen und Aufsätze, Berlin 1955.
— Vom Ewigen im Menschen, 4. Aufl., Berlin 1954.
Schelling, System des transzendentalen Idealismus, 1800.
— Vorlesungen über die Methode des akademischen Studiums, 1806.
Schiller, Über Anmut und Würde, Jena 1793.
— Über die ästhetische Erziehung, Jena 1795.
Schloßmann, Persona und prosopon im Recht und im christlichen Dogma, Dissertation, Kiel 1906.
Schopenhauer, Sämtliche Werke, Leipzig 1937.
Schnorr v. Carolsfeld, Geschichte der juristischen Person, 1. Bd., München 1933.
Seidler, Das juristische Kriterium des Staates, Tübingen 1905.
Seydel, Grundzüge einer allgemeinen Staatslehre, Würzburg 1873.
Sontheimer, Vom Staatsbewußtsein in der Demokratie, Frankfurter Allgemeine Zeitung vom 6. 6. 1962, Nr. 130.
Spann, Gesellschaftsphilosophie, München-Berlin 1928.
Spranger, Lebensformen, Leipzig 1922.
Stahl, Die Philosophie des Rechts, 3. Aufl., Heidelberg 1854.
— Geschichte der Rechtsphilosophie, 4. Aufl., Heidelberg 1870.
Stammler, Lehrbuch der Rechtsphilosophie, Berlin 1928.
— Die Lehre von dem Richtigen Rechte, Halle 1926.
Stern, Die menschliche Persönlichkeit, Leipzig 1923.
Störring, Psychologie, Leipzig 1923.
Tönnies, Thomas Hobbes, der Mann und der Denker, 2. Aufl., Göttingen 1955.
Unger, Zur Lehre von der juristischen Person, in Kritische Überschau der deutschen Gesetzgebung und Rechtswissenschaft, Bd. VI, München 1958.
Vaihinger, Die Philosophie des Als-Ob, 2. Aufl., Berlin 1913.
Welzel, Naturrecht und materiale Gerechtigkeit, Problemgeschichtliche Untersuchungen als Prolegomena zu einer Rechtsphilosophie (Jurisprudenz in Einzeldarstellungen, Bd. 4) 2. Aufl., Göttingen 1955.
Westermann, Person und Persönlichkeit als Wert im Zivilrecht, Köln 1957.
Wippermann, Über die Natur des Staates, eine publizistische Abhandlung, Göttingen 1844.
Wolff, Organschaft und juristische Person, 1. Bd.
Wundt, System der Philosophie, Leipzig 1889.
Zitelmann, Begriff und Wesen der sogenannten juristischen Person, Leipzig 1873.
Zoepfl, Grundriß zu den Vorlesungen über Rechtsphilosophie, Berlin 1875.

Printed by Libri Plureos GmbH
in Hamburg, Germany